U N

PROVINCIAL

A PARIS.

UN

PROVINCIAL

A PARIS,

PENDANT UNE PARTIE

DE L'ANNÉE 1789.

Oh ! Paris est un lieu de tumulte et d'éclat.
(*REGNARD.*)

A STRASBOURG

DE L'IMPRIMERIE DE LA SOCIÉTÉ TYPOGRAPHIQUE,

Avec les caractères de JACOB;

Et se trouve à PARIS, chez LA VILLETTE, Libraire, Hôtel des Bouthillers, rue des Poitevins.

AVERTISSEMENT.

La révolution qui élève la France à ce degré de splendeur auquel sa destinée semblait l'appeler depuis long-temps, intéresse trop vivement les bons citoyens pour que leurs regards puissent s'arrêter avec complaisance sur des objets de pur agrément. Les lettres, les beaux-arts, sont négligés, et tout ce qui est étranger au salut de la patrie n'a plus de mérite aux yeux du Français. La constitution , qui leur donnera de bonnes lois , est aujourd'hui l'unique objet de leur attention. Heureuse époque où , délivrés

a

des tyrans subalternes , ils ne verront plus dans leur Roi qu'un père d'autant plus digne de leur amour, que lui-même aura brisé le joug de leur ancienne servitude.

Mais gardons-nous bien de nous le dissimuler, notre liberté ne serait qu'imparfaite tant que nos moeurs ne seraient pas épurées , et tant qu'il resterait quelques traces de cette inégalité qui fut trop souvent poussée jusqu'à l'excès. Présenter aux grands le tableau fidelle des ridicules de plusieurs d'entr'eux ; les corriger des erreurs que de longs préjugés et une éducation vicieuse leur avaient rendues familières; briser les idoles devant lesquelles tant d'hommes, accoutumés à l'esclavage, ne savaient que se prosterner; rendre au seul mérite les hommages prodigués trop long-temps à des chimériques distinctions; voilà ce que de bons écrivains, pénétrés d'amour pour leur patrie, doivent présenter sans cesse à leurs concitoyens. Je n'ose me flatter de leur en donner l'exemple; mais je me propose du moins de fournir quelques matériaux à l'architecte habile qui saura construire le monument dont j'ai l'idée, et que le sentiment de ma faiblesse ne me permet pas de tenter moi-même.

Différentes circonstances m'ont mis à portée d'étudier le monde. Possédant cette heureuse médiocrité qui ne nous permet ni les jouissances de l'orgueil, ni le délire de l'ambition, je crois avoir conservé une raison saine. Au dessus du mal-aise, je n'ai jamais connu l'humiliation. Moins passionné pour des intérêts de fortune que pour ceux de mes plaisirs, si j'ai comme un autre cherché des protecteurs lorsque l'usage semblait en faire une loi générale, jamais du moins ils ne m'ont vu l'esclave de leurs caprices : j'ai su les négliger à la moindre apparence de tyrannie de leur part. Capable de complaisance, mais trop fier pour m'avilir, je repoussai avec le respect une familiarité qui aurait pu devenir dangereuse. Avec un esprit droit, mais qui ne cherchait point à se faire remarquer, j'ai paru si peu au dessus de la foule, que personne n'a eu l'idée de se contraindre en ma présence. D'après le caractère que je viens d'établir, me tromperais-je dans l'espérance que j'ai conçue de pouvoir me rendre utile? serais-je trop présomptueux de m'attribuer le mérite d'avoir été dans le monde un fidelle observateur?

Les lettres que je mets au jour demandaient que leur auteur ne fût ni grand seigneur, ni citoyen pauvre, ni bel esprit reconnu : le premier eût écouté ses préjugés, le second eût répandu l'amertume inspirée par d'injustes dédains, le dernier eût porté de faux jugemens, d'après l'espèce de gêne que cause la présence des gens célèbres. Personne ne saurait donc se trouver plus autorisé que moi à tenter cette entreprise. Les femmes seules possèdent l'heureux talent de porter au plus haut degré de perfection l'agrément des lettres familières, qui leur est naturel comme les grâces. Je suis loin, par conséquent, de me dissimuler le besoin que j'ai d'indulgence; mais la vérité, présentée sans déguisement dans mes lettres, me tiendra lieu, sans doute, de quelque mérite, et pourra suppléer au charme du style. Que le lecteur ne s'attende point à un plan fixe : l'esprit naturel, le seul auquel je serai flatté de pouvoir prétendre, veut être libre dans son essor. Mon dessein est de parcourir les sujets, souvent très-opposés, qui se présenteront à ma plume; de passer du plaisant au sérieux, quelquefois même d'employer l'arme du ridicule. Ces différens tons réunis me paraissent caractériser l'ensemble de l'esprit français, et c'est surtout à mes concitoyens que j'aurais envie de plaire.

UN

UN
PROVINCIAL
A PARIS,

Pendant une partie de l'année 1789.

———◆———

LETTRE PREMIERE.

Vous rendrez un compte fidelle de vos occupations, de vos plaisirs, de vos observations. Tel est, mon cher Creni, le dernier ordre reçu, au moment où, soumettant mes goûts à une nécessité absolue, je m'arrachais des bras de l'amitié, je fuyais un séjour de paix, et courais chercher le trouble, les alarmes. Depuis long-temps le sentiment qui nous unit rend les désirs de l'un les lois suprêmes de l'autre. Votre volonté sera donc fidellement remplie. A votre tour promettez de tenir cachés des écrits trop peu soignés pour intéresser. Un provincial,

A

jugeant Paris, paraîtrait le comble de la
folie; ses éloges feraient rougir, ses critiques exciteraient l'indignation; son atten-
tat, véritable sacrilége, serait puni par le
ridicule. Le ridicule!... ce mot glace mes
sens. Nous redoutions un fléau terrible,
quoiqu'éloignés de pressentir son importance faiblement appréciée hors de la
capitale; lui seul laisse des impressions
ineffaçables, tandis que les défauts, que
les vices, se pardonnent aussi facilement,
que les bonnes qualités, que les vertus,
s'oublient.

„ Le mortel, aux dépens de qui per-
„ sonne ne rit, captive l'admiration de la
„ société, dont tout mal-à-droit devient le
„ rebut. J'ai tâché de présenter cette vérité
sous la forme d'une maxime, parce que
c'est le goût du moment. Certes, rien de
mieux vu. Le style sententieux réussit
également dans tous les ouvrages. Recher-
chons, désirons ce nouveau genre, autant
en étudiant un almanach chansonnier,
qu'en feuilletant un cours de philosophie.

La description de Paris retracerait assez
mal ce que vous apprendra, avec exactitude, avec clarté, l'ouvrage offert depuis peu

aux étrangers. Sachez pourtant que l'amas immense de maisons, la multitude sans cesse en mouvement, le concours des voitures, l'agitation générale, la diversité des objets, les embarras renaissans à chaque pas, le luxe insultant la misère, l'industrie aux prises avec la richesse, la paresse traînant après elle la débauche, la charité réparant les maux causés par l'avarice, l'intérêt commandant en despote, la succession rapide des différentes espèces d'êtres que peut produire le genre humain, portent à l'ame de profondes impressions. L'esprit, vivement ému, sent ses facultés suspendues. Pendant plusieurs jours, un éblouissement total empêche de voir aucun objet assez distinctement pour le bien juger.

Le calme ne revient pas aussi vîte chez tous les individus. Quelques-uns même conservent à jamais leur primitive gaucherie. Quoiqu'ils puissent à toute force figurer parmi les honnétes gens, j'enrage de bon coeur d'être des leurs. Je ne saurais supporter de sang froid les haussemens d'épaules, les sourires de pitié, suites infaillibles de tout

air d'embarras. Quoiqu'en puissent dire
nombre d'auteurs habiles que je révère,
il existe des circonstances dans lesquelles,

„ Chassez le naturel, il revient au galop. „

Point d'avantages ne me sont encore
revenus, de mille efforts inspirés, soutenus par le désir de réussir, assez bon
aiguillon pour l'ordinaire.

L'existence morale fixera mon attention,
elle offre une suite nombreuse de tableaux,
malheureusement trop uniformes pour
plaire. L'observateur n'aperçoit que des
sujets d'éloges bientôt fatigans. Comment
amuser sans déchirer? La chose est impossible; car toujours l'ennui fut compagne
fidelle de la bonté. Je le sens, mais n'ose
aiguiser les traits de la satire, quand une
aveugle admiration répand des charmes sur
ce qui m'entoure. Si par hasard s'échappe
un mot de critique, soyez certain que cette
erreur démentie intérieurement sera presque aussitôt suivie de repentir.

Laissant les journaux en possession
d'alimenter l'insatiable curiosité des politiques, je parlerai peu de la crise intéres-

sante dont dépend le destin de la France.
Les têtes exaltées ont atteint un degré de
sublimité, auquel il serait injuste d'exiger
qu'elles restassent. La constitution,... la
monarchie,... les droits du peuple,... sont
autant de mots de ralliement : devant eux
disparaissent les entretiens frivoles. Col-
bert, Sulli, reçoivent alternativement des
éloges, des reproches. L'ecclésiastique, le
magistrat, le militaire, pèsent avec lumière, avec impartialité, les systèmes de ces
hommes qui, célèbres dans leurs siècles,
se distingueraient à peine au milieu de la
foule des administrateurs éphémères qui
naissent autour de nous. Peu de cabinets
de toilette d'où il ne sorte un excellent
traité de législation. Dans plusieurs s'élè-
vent des autels à la gloire de M. Necker;
d'autres, au contraire, retentissent de
sanglantes invectives. Adoré comme un
être céleste, ou maudit comme un monstre
infernal, voilà le singulier partage de ce
ministre éclairé, intègre, vertueux, que la
raison place entre l'apothéose et l'outrage.
Les plaisirs des boudoirs sont entremêlés
de graves discussions; le trône de la vo_
lupté gémit sous des tas de brochures,

hérissées de savantes citations, surtout
ornées de ce ton emphatique, énigmatique,
jadis si peu connu, aujourd'hui si recherché. Plus d'éloquence, plus de génie sans
déclamation, sans obscurité.

Les femmes, particulièrement les jeunes,
les jolies, défendent la liberté individuelle:
leur conduite prouve clairement combien
elles sont à l'abri du reproche, justement
adressé aux beaux parleurs, de soutenir le
plus souvent des paradoxes contraires à
ce qu'elles pensent. Ces dames nous ap-
prennent à secouer le joug des préjugés par
des exemples, non par de vains discours.
Soyons donc pénétrés de reconnaissance;
tombons aux genoux de la beauté consa-
crée au soin de faire des heureux; baisons
respectueusement des mains qui, lors de
nos temps gothiques, eussent imposé des
fers, qui brisent à présent jusqu'aux plus
faibles liens, qui s'opposent à ce que la
moindre entrave contrarie les lois de la
nature. Adieu. . . .

LETTRE II.

PARAITRE très-occupé, très-heureux, est, mon ami, le principal but où tendent les désirs de l'homme du monde. Peu lui importe de traiter une grande affaire, de goûter un plaisir vif, pourvu que les spectateurs, vis-à-vis desquels il reste toujours en scène, admirent sa capacité, envient sa fortune. Trop sage pour se permettre des réflexions dont le seul fruit consiste à gâter l'esprit, à remplacer la riante imagination par la triste raison, il consacre ses jours à de plus nobles soins, il cherche des formes agréables, il laisse aux pédans les pénibles études : véritable papillon, toujours folâtrant, toujours voltigeant, n'aimant que lui, n'estimant que qui l'admire.

Paris possède la race précieuse de ces êtres fort imparfaits par-tout ailleurs. Leur vie conforme à leur caractère présente une suite de dissipations que nulle idée sérieuse n'interrompt: dans l'instant même où quelque aimable disserte, ses lèvres

A 4

articulent sans effort de tête, mais simple
ment guidées par certains mouvemens d'habitude qui produisent de temps en temps
un assez joli effet.

La matinée, autrefois si ennuyeuse,
perdue au milieu des livres, des hommes
d'affaire, des détails de famille, peut maintenant, par une heureuse révolution, être
regardée comme l'époque des plaisirs. Les
femmes sont loin de chez elles le plutôt
possible.

Le jeune homme s'éveillant demande
ce léger phaëton qui bientôt le conduira
dans les divers quartiers de l'immense
cité : en parcourir plusieurs devient une
distinction flatteuse. Ces courses ne se
bornent pas à répandre beaucoup de liberté;
elles réunissent, en outre, commodité,
économie. Les pères, les maris cherche-
raient inutilement à imposer des lois sévères. L'inquiète jalousie perd ses soins vigi-
lans. Les fortunes profiteront, avec le
temps, de la suppression des petites maisons : plus de frais nécessaires pour se
rejoindre, grâces aux parentes, aux amies
qui ont établi une circulation intéressante
de complaisances, de bons offices.

. Ce n'est pas, sans quelque répugnance, que j'ai pris l'habitude de paraître le matin chez des personnes qui m'inspirent infiniment de respect : ce premier progrès en a demandé un second. J'arrivais paré ; mon bel habit, ma coéffure contrastaient tellement avec l'agréable désordre des autres visitans, qu'une gêne cruelle me faisait souffrir. L'usage auquel il faut céder, impose de se montrer à cette heure plus que négligé.

Des ordres réitérés de la charmante marquise ***, me déterminèrent à pénétrer avant midi dans le plus élégant séjour. Tout s'offrit à mes yeux sous un aspect séduisant, défiguré cependant par la choquante familiarité de deux merveilleux : ils restèrent nonchalamment couchés sur leurs siéges, fredonnèrent à demi-voix, et jetèrent des regards indifférens sur le nouvel arrivé. Tout en arrangeant, avec peine, certaine épée dont la longueur me sembla pour lors démesurée, je distinguai cet air de suffisance. Voilà, dis-je en moi-même, des artistes habiles que de grands talens exemptent de politesse. Ce premier costume doit annoncer un célèbre coéffeur :

ce second distingue certainement un illustre piqueur.

Dès que m'eut été adressé „ Ah ! bon-
„ jour, monsieur, asseyez-vous „ l'entretien interrompu reprit son cours, et
m'apprit dans peu d'instans que j'avais à
admirer gens du plus haut rang. Un caquet
bruyant, continuel, sans ordre, sans suite,
étonna votre ami qui, se retirant après trois
quarts d'heure d'attention silencieuse, fut
pénétré de cette phrase touchante „ Vous
„ vous en allez donc ? „

Le dîner offre peu d'agrémens. Les maîtresses de maison, presque toujours pres-
sées dans leur coëffure, arrivent avec
humeur. Première impression, autant
accrue par l'absence de l'objet préféré, que
par la présence de plusieurs ennuyeux.
C'est l'heure des protégés des amis de
province, des assomans parens. Si le
mari est colonel, arrivent en foule des
officiers de son régiment. Quelle patience
assez angélique pour les supporter sans
mécontentement ! Car enfin il est bien
démontré que l'habitant de garnison a tout
au plus un esprit médiocre, qu'affaiblit
encore son *ton détestable*. Le comble de

l'honnêteté envers lui consiste à établir de ces conversations auxquelles suffisent de faibles moyens. viennent sans nombre des questions sur le corps, sur la garnison, sur le major ; questions d'autant moins gênantes que les réponses ne sont jamais écoutées.

Presque tout le monde court aux spectacles, tandis que peu de personnes s'immolent en faveur de l'usage suranné des visites. Elles sont rarement reçues ; mais le cas arrivant, l'ennui entre de droit à leur suite. Plus ce sentiment domine, plus une gaîté factice veut le couvrir. L'adresse parvient à tel degré de perfection, qu'un éclat de rire, un bâillement partent en même temps, de manière à ce que le dernier devient invisible. La médisance, chef-d'oeuvre de l'esprit humain, perce avec circonspection : l'on ne se connaît pas assez, l'on s'estime trop peu pour rien hasarder. Exceptons de la réserve générale les mortels courageux, osant arborer hautement le titre de méchans. Ces derniers lancent des traits sur tous les êtres dont le nom s'offre à leur mémoire. L'intérêt des auditeurs se refroidit-il? aussitôt ils le

raniment en se déchirant eux-mêmes. Quel
généreux dévoûment ! Sacrifier ce qu'ils
ont de plus cher au plaisir de quelques
indifférens, bientôt quittés et maltraités à
leur tour !

Les soupers font le charme de la société ;
ils nous ont acquis cette réputation si étendue du peuple aimable par excellence.
L'esprit, la gaîté, la légéreté, la politesse
du français s'y déploient. Les poëtes éro-
tiques vantent le ton de galanterie qui les
embellit. Les beaux esprits citent, avec
complaisance, ces mots pleins de sel qu'ils
produisent journellement ; les moralistes
sévères tonnent contre le danger qu'entraînent tant d'heures passées dans l'ivresse de
mille et mille séductions réunies. Des pein-
tures si vives, si marquées au coin de l'exacte vérité, font que l'étranger soupire après
l'instant heureux de son installation dans
ces délicieux banquets. Des difficultés
assez nombreuses se rencontrent ; l'homme
riche, qui sans cesse vous presse d'accepter
à dîner, n'admet aux mystères du soir
qu'après une connaissance particulière :
plusieurs voyages précédens me valent
de souper très-souvent dans la meilleure

compagnie. Par une soirée fidellement rendue , jugez de toutes les autres : nul trait ne les distingue entre elles.

Le duc*** me mena , il y a quatre jours , des français chez lui : nous trouvâmes, dans le sallon très-éclairé, la maîtresse de la maison , exactement seule. Représentez-vous une pagode dont la grosseur surpasse la hauteur, annonçant au moins quarante ans, plus que commune par sa figure, coëffée avec recherche, pétrie de hauteur, bouffie d'orgueil. Des regards hardis, dédaigneux, me parcoururent des pieds à la tête. Soit embarras, soit dépit, je crus être tout en feu. Quelques phrases, sans doute mal - adroitement arrangées , obtinrent deux ou trois monosyllabes. Heureusement arriva la foule presqu'en même temps. ,, Bonjour mon coeur.. mais ,, vraîment, vous êtes charmante!.. Savez- ,, vous que ce vicomte est unique? Pour ,, l'abbé, je le trouve d'une maussaderie. ,, Pendant près d'un quart d'heure , le tumulte général empécha de rien voir , de rien entendre. Le calme revint : un nuage sembla se dissiper ; les objets demeurèrent distinctement classés.

Cinq ou six femmes, réunies près de la duchesse, formaient un groupe dont les personnages parlaient avec agitation, tenaient les yeux avidement attachés sur le côté opposé, qui présentait trois entretiens particuliers, que la douce confiance, l'air de bonheur, les désirs naissans rendaient intéressans. Les hommes, rassemblés au milieu de l'appartement, s'entretenaient, disputaient, enfin oubliaient parfaitement les assistantes. Pour mon compte, un ennui bien conditionné m'avertit de quitter le devant de la cheminée où j'avais presque pris racine. Rejoindre les dames eût été téméraire : interrompre les têtes à têtes, quoi de plus indiscret ! Je courus donc au sein de la politique. Vous avez sans doute souvent observé qu'un entretien sérieux est le meilleur recours dans l'embarras : les sens se rasseyent, l'esprit prend de l'assurance ; au lieu que la gaîté augmente le désordre, chaque plaisanterie ajoute au mal-aise.

Le souper interrompit nos diverses occupations. Les dames, accompagnées de quelques empressés, gagnèrent la salle à manger. J'y courus, pétillant d'impatience de juger jusqu'à quel degré peut s'élever l'amabilité. Tout sembla favoriser le désir de bien écouter, d'après un soin soutenu de ne me point incommoder. Je restai assis dans mon coin, mangeai, ou ne mangeai pas à volonté, sans que la grosse pagode se démentit par aucune de ces maussades attentions reléguées au fond des provinces.

Le spectacle du jour, les intérêts de la France, le bonnet à la mode parurent successivement; mais chaque objet pendant peu de secondes, et d'une manière très-coupée. Des bagatelles souffrent par fois d'être approfondies ; l'on ne saurait, au contraire, trop légèrement effleurer les sujets importans. Trois phrases sensées, liées ensemble, crisperaient des nerfs délicatement organisés. De la volubilité, de la hardiesse dans les réponses, deviennent les points essentiels; nos belles dames ne s'avisent guère de songer à ce qu'elles laissent échapper. La baronne***, femme, fille, soeur d'officiers généraux, entendant parler, du matin au soir, militaire, avancement, daigna jeter un coup d'oeil favorable sur mon plus proche voisin. „ Chevalier, „ je ne conçois pas que vous ayiez quitté

„ le service tout jeune ; l'on m'a assuré
„ qu'une année de patience vous valait
„ la lieutenance-colonelle de votre régi-
„ ment ; mais du moins vous êtes maré-
„ chal de-camp ? —— Ah ! oui, Madame ;
„ cela ne se demande seulement pas. „

Le dessert devint plus animé par l'arrivée des habitans du sallon, qui reçurent
de nombreuses agaceries. Rien de plus
simple. Les gens à prétention, ou d'esprit,
ou d'importance, se compromettraient en
s'asseyant ; permis à eux de manger comme
quatre convives, pourvu qu'ils assurent
ne pas souper.

L'on proposa des parties de quinzes.
J'ignorais l'importance de ce jeu, sans
quoi mes études, mes loisirs y eussent été
consacrés. L'aveu de mon insuffisance attira
un signe foudroyant, impossible à rendre,
et dont le souvenir sera long-temps
présent à ma mémoire. Tant de torts
essentiels laissent après eux de longs
repentirs. Le seul loto me soutient. Admis
quelquefois à ce plaisir innocent, je n'en
approche qu'avec respect : des maréchales
de France, des douairières vénérables,
forment son ornement, et son soutien. Le

nom

nom des numéros, les différens payemens occupent agréablement nos facultés intellectuelles, sans recourir à d'autres distractions.

Pareilles fêtes répétées chaque jour, sans autre changement que de faibles nuances presque imperceptibles, suffisent pour rendre la vie un enchantement perpétuel. Quel homme assez bizarre, assez injuste, assez extravagant, pour regretter deux cents lieues de chemin, huit jours de fatigue, l'aisance de plusieurs années consumée dans peu de semaines? Ce ne sera pas l'ami qui vous chérit et vous embrasse de tout son coeur. . . . Adieu.

B

LETTRE III.

Le duc ne borne pas ses bontés à des politesses vagues, qui la plupart du temps sont aussi infructueuses que flatteuses ; il daigne, mon très-cher, travailler à mon instruction. Si je m'élevais jamais au dessus de la médiocrité, ce serait son ouvrage : que de droits il acquiert sur un coeur sensible !

Plusieurs séances inappréciables nous ont fait remonter à la base des connaissances humaines, découvrir l'unique principe des vertus, admirer le soutien de la société, enfin reconnaître la science universelle dont nos érudits sont bien éloignés de soupçonner l'existence : elle n'est autre que l'usage du monde : qui le possède parfaitement sait tout. Nuls traits ne sauraient bien peindre mon désespoir : comment vivre heureux en découvrant un bien suprême, sans conserver le moindre espoir de l'atteindre ! Les efforts des provinciaux restent sans fruit ; l'arrêt funeste demeure irrévo-

cablement prononcé. „ Quiconque n'a pas ,
„ dès sa plus tendre jeunesse, débuté dans
„ le monde, y paraît à jamais déplacé : on
„ peut le supporter, lui reconnaître du bon
„ sens , de l'honnêteté , même de l'esprit ,
„ mais il reste toujours très en arrière de
„ l'amabilité. „

Quoique terrassé, je balbutiais de faibles
défenses, quand une question précise m'ar-
rêta. „ Dans le cours d'une vie agitée, avez-
„ vous jamais connu le tact? „ Ce mot, il
faut vous l'avouer, retraçant à mon imagination des tableaux riants, je rougis ; je con-
vins que de tout temps le tact.....„ Vous
„ ne me comprenez pas. Sachez que nous
„ appelons tact, cette qualité suprême, cet
„ instinct surnaturel, cette flamme céleste
„ qui sert à juger les plus graves objets sur
„ des circonstances futiles en apparence,
„ qui fixe les momens propres aux discours,
„ aux gestes, à la tristesse, à la gaîté; qui
„ bannit les mouvemens de l'ame , qui dé-
„ truit les élans du cœur , qui substitue
„ l'esprit au sentiment, qui produit ces en-
„ thousiasmes de commande, si préférables
„ à ceux inspirés par la nature : ses effets
„ multipliés à chaque pas semblent autant

„ de prodiges. Une femme de dix-huit ans
„ jette les yeux sur l'homme qu'on lui pré-
„ sente ; elle sait positivement, d'après son
„ maintien , d'après l'arrangement de sa
„ toilette , s'il a du mérite , des connais-
„ sances ; s'il faut ou l'estimer ou le mé-
„ priser. Le baron débute chez la divine
„ marquise, à la faveur de lettres de recom-
„ mandation, va se placer au beau milieu
„ d'un grand fauteuil, tandis que des siéges
„ courans sont vides, et reçoit aussitôt
„ le titre d'assommant, dont il restera tou-
„ jours flétri. Point d'efforts capables de
„ de réparer sa sottise ; ses discourrs
„ ennuient d'avance, ses soins excèdent.
„ La même femme, *d'un parfait* à la vérité
„ bien rare, faillit chasser honteusement
„ certain ecclésiastique admis à sa table,
„ y mangeant avec mal-adresse. Le mar-
„ quis eut beau le certifier très-excellent
„ pasteur de ses terres, elle soutint qu'il
„ fallait traiter pareil animal comme un
„ aventurier. J'appuyai cet avis de tout
„ mon crédit, et parvins à prouver l'in-
„ faillibilité des jugemens inspirés par ce
„ tact vraiment sublime. Ce n'est pas au
„ seul beau sexe qu'appartiennent tant

„ d'avantages. Le président, chez qui on
„ annonce un avocat, le met à sa juste
„ valeur dès la première révérence : l'écou-
„ ter deviendrait soin superflu. Le colonel
„ pénètre jusqu'aux qualités cachées du
„ subalterne, avec autant de promptitude
„ qu'il fait l'inspection de sa tenue. „

La dernière circonstance n'est, hélas, que
trop vraie. Vous voyez dans votre ami une
victime malheureuse de cette surprenante
pénétration. D'après l'empire absolu que
la justice exerce sur les mortels, il se sou-
met sans murmure ; il respecte un châti-
ment sévère, mais fondé sur de puissans
motifs.

Un heureux hasard m'avait obtenu la
promesse de la majorité du régiment de***.
Je cherchai l'occasion d'exprimer ma res-
pectueuse reconnaissance au chef sous
lequel je comptais servir, et que je ne connaissais pas. Malheureusement, une cour
immense précède l'hôtel du prince***,
qui, placé derrière une croisée, aperçut
ma démarche dandinante, mon chapeau
mis très en arrière. Il n'en fallut pas davantage ; son opinion fut irrévocablement
fixée. Le plus froid accueil précéda son

refus formel de remplir des engagemens pris trop à la hâte. Je demandai les motifs du prompt changement; je pressai. Je sus que ma sotte entrée produisait la révolution. Comment accorder quelque confiance à qui n'a pas même *le geste militaire ?*

D'absurdes préjugés dictèrent ma réponse, dans laquelle je soutins que, pour conduire le soldat aux champs de l'honneur, pour le soumettre en temps de paix à la discipline, pour le rendre citoyen honnête, pour pénétrer les officiers des nobles sentimens qui doivent les caractériser, une ame élevée, un esprit éclairé ne sauraient être trop évalués. En reconnaissant le prix des qualités physiques très-avantageuses aux guerriers, elles me parurent cependant moins indispensables que les morales. La nature prit souvent plaisir à cacher sous de modestes apparences des talens, l'admiration de la terre. Crainte d'un pédantisme déplacé, je n'osai chercher mes exemples dans l'Histoire ancienne; j'évitai de citer soit Alexandre, dont le peu de majesté causa l'erreur de Sigisgambis; soit Agesilas couché sur le rivage d'Egypte, qui, par sa petite taille, par son maintien

modeste, par son vêtement grossier, surtout par son mépris pour les objets de
luxe, se vit en bute aux railleries des
courtisans de Tachos : la chute de l'usur-
pateur insolent, capricieux, devint une
juste punition du peu d'égards accordés
au héros de Lacédémone; soit Philopé-
mène, payant chez son hôte le tribut de
sa mauvaise mine, tandis que tous les
peuples l'appelaient le dernier des Grecs;
soit Caton, si simple que les opulentes
cités d'Asie découvraient difficilement en
lui le plus grand des Romains, le plus
respectable des mortels.

Le siècle de Louis XIV, si riche, si
souvent vanté, si rarement imité, m'offrit
de suffisantes autorités. Je parlai de la
figure commune de Catinat, de la taille
disgraciée de Luxembourg, de la toilette
de Vendôme, négligée jusqu'au cinisme.
La plus triomphante apostrophe interrompit mon verbiage. „ Eh, monsieur! finissez
„ de tels raisonnemens bons pour les éco-
„ liers : mettez-vous dans la tête, et rete-
„ nez bien que vos grands généraux du
„ temps passé ne savaient pas un mot du
„ métier : leurs hauts faits sont exaltés par

„ habitude, par manque d'énergie. Pour
„ moi, également franc et intrépide, l'on
„ m'entendra prononcer tout haut que cè
„ Turenne, à la mémoire de qui plusieurs
„ fanatiques prétendent élever des statues,
„ s'il revoyait le jour, serait à peine un
„ adjudant *de distinction.* „

Que répondre, mon cher ? comment
réfuter cet argument trop judicieux, trop
pressant pour ne pas rester victorieux ? Mes
yeux se dessillèrent. Admirer en silence,
chercher à m'instruire, furent deux réso-
lutions prises sans hésiter, dès lors excellentes. J'ai couru ; j'ai volé... Heureux
celui qui, plein d'un beau zèle, peut, ainsi
que moi, s'y livrer! O fortune, reçois mon
encens ! Compâtissante aux regrets des
infortunés, tu as daigné fonder une école
parfaite, où les oubliés, les rejetés puisent
des moyens infaillibles pour se distinguer.
Paris possède un trésor trop peu recherché.
Le quai de la Vallée présente de nombreux
modèles, possédant au suprême degré les
qualités distinctives des héros de nos
jours. Trois matinées ont produit beaucoup d'effets. D'assez rapides progrès sont
applaudis par des professeurs habiles, dont
                                              le

le premier aperçu annonçait le dédain, main
tenant remplacé par l'air d'approbation. Pré-
parez - vous aux égards ; pénétrez - vous
d'avance de considération ; soyez certain
d'être subjugué par ma tête haute, par mon
chapeau sur l'oreille, par mon habit serré,
par ma frisure plaquée, par mes bottes
luisantes, par mon regard assuré, par
ma voix rauque, par ma démarche raide.
Ces avantages réunis formeraient le vrai
modèle des chefs. Rarement ils embellissent le même sujet ; plus rarement encore,
qui ne les cultiva pas jeune, y parvient ;
mais le devoir prescrit des efforts : quelques petites parcelles accrochées satisferont
mon ambition.

Je ne saurais résister à la voix intérieure
qui, contraire à l'usage général, me défend
de rester exclusivement égoïste, m'ordonne
de partager avec mon ami des lumières précieuses. Renoncez à vos erreurs ; formez-
vous : jusqu'à ce jour vous vous bornâtes
à être bon, généreux, sensible : votre noble
franchise, votre riche imagination, votre
esprit supérieur, votre touchante simplicité
furent autant de titres à l'estime, à l'intérêt
de quiconque vous connut. Ah! combien ils

C

sont obscurcis, pour ne pas dire anéantis, par cette façon de vous coëffer, toute semblable à mon ancienne! Je vous conjure de consommer d'importans changemens, je vous en supplie, la larme à l'oeil. Il me serait affreux d'abjurer une amitié à laquelle depuis douze ans je dois mes plus beaux jours; mais, très-positivement, que sans l'air soudart l'on n'y compte plus. Adieu.

LETTRE IV.

Toute société, mon cher ami, prétend surpasser les autres ; chacune vante son ton, respecte ses oracles : malheur à l'étranger entreprenant de lutter contre le bel esprit reconnu ! ce dernier obtient un succès aussi rapide que complet. D'excellens auditeurs admirent d'avance les saillies d'un personnage en possession de leur plaire : il connaît les goûts particuliers ; il est instruit d'une foule de détails piquans pour les parties intéressées ; enfin il vient armé de cette confiance faite pour donner à l'esprit son essor. L'avantage remporté sur un débutant reste sans valeur par sa grande facilité : j'exhorte donc nos héros de ruelles à mépriser de si faibles triomphes, à retrancher les airs de supériorité, surtout à renoncer aux plaisanteries sur des bagatelles que les seuls habitués connaissent ; elles produisent une gaîté très-embarassante pour le malheureux dans l'impossibilité de la partager.

A l'exemple de plusieurs moralistes, un

C 2

remords secret me reproche l'erreur que je
viens de condamner. Oui, ma mémoire
trop exacte rappelle que dans deux ou trois
villettes j'obtins des succès ; j'en abusai et
jouis souvent du mal-aise de gens auxquels
des égards étaient dus. Ma faute se trouve
bien expiée par les mauvais momens passés
depuis : diverses rencontres sont devenues
de cruels supplices, d'après des éclats de rire
redoublés dont la cause demeurait inconnue. Assez long-temps je m'y joignis :
moyen infaillible de paraître encore plus
décontenancé : le sang-froid imperturbable
peut seul procurer de l'à-plomb, quelquefois
même ramener à l'honnêteté des cervelles
évaporées.

L'inconvénient sur lequel un dépit outré
vient de répandre tant de fiel doit peut-être
se compter au nombre des stimulans propres à réveiller les imaginations engourdies,
conséquemment utiles, point du tout blâ-
mables : du reste on le rencontre plus souvent dans les maisons du second rang
distinguées de celles du premier par quel,
ques légères différences. Les femmes y sont
esclaves de la mode ; leurs coëffures ressem-
blent par fois à des édifices baroques, où

divers objets paraissent dans une confusion totale, que quelques méchans prétendent image fidelle de têtes dont la frivolité surpasse presque toujours la beauté. Les hommes à prétention égalent en assurance, en suffisance les merveilleux grands seigneurs, mais atteignent rarement ce poli qui sait embellir les vertus, comme affaiblir les vices. Prétendent-ils aux connaissances ? ce sont des pédans. Aspirent-ils aux agrémens ? l'affectation remplace les grâces : dans leurs entretiens se laisse voir sans cesse la jalousie du grand monde, que l'on imite sans jamais le citer.

Un hasard favorable, malheureusement très-rare, fait rencontrer des maisons d'où le jeu est banni. Cette ressource, si universelle, se remplace par une conversation agréable, instructive, pourvu toutefois que l'assemblée ne soit pas distraite par des éventés à la mode, ou par des beaux esprits de profession. Les premiers font triompher leur futilité; les seconds tiennent impérieusement le dez, sont tranchans, enfin répandent beaucoup de gêne. Le silence distingue toute personne sensée pendant les entretiens à prétention :

C 3

quant à celles subjuguées par la vanité,
le désir d'acquérir les suffrages de l'homme
qu'elles admirent, devient l'origine d'efforts continuels , étouffant bientôt leur
esprit naturel. Adieu.

LETTRE V.

Ah ! mon ami, vivons au Marais, province pour ainsi dire enclavée au milieu de Paris ; fixons-nous dans un séjour où se trouvent réunies la bonhomie des châteaux, l'opulence de Paris, les douceurs de la retraite, enfin les ressources de toute espèce, à quatre pas de distance. Je chéris cette habitation intermédiaire entre la ville et la campagne : y passer mes jours serait le voeu de mon cœur.

Autour de la Place - Royale, ancien théâtre sur lequel brillait dans tout son éclat une cour aussi galante qu'orageuse ; sous ces tristes mais imposantes arcades, autrefois témoins d'intrigues si chéries des courtisans, rendez - vous où les amans venaient offrir à la beauté un hommage délicat et noble, rejeté aux temps romanesques, habitent à présent l'honnêteté, la simplicité. Les qualités paisibles ont remplacé ces passions effrénées, suites inévitables de la grandeur et du luxe. Le

C 4

tourbillon a disparu : aux trop séduisantes
illusions de l'ambition sont substituées les
vraies jouissances attachées à la grande
aisance , pour qui sait l'employer sans
former des désirs immodérés.

De semblables révolutions, communes
à tous les lieux, à tous les siècles , font
impression même sur les esprits légers ;
elles sont la source de nombreuses réfle_
xions pour quelques penseurs. Une inquiétude continuelle , caractère distinctif de
l'homme , ne lui permet pas de former
d'établissement solide : il ne saurait trouver le bonheur dans aucun état perma
nent. La seule vanité pense que ses ouvra_
ges seront éternels , tandis que chaque
jour apporte des changemens aux usages
de la veille. Le temps ébranle les plus
importantes institutions. Faibles créatures ,
nous pensons à l'immortalité! Sans l'ardeur
qui nous porte à détruire ce qu'ont fait
nos aïeux , nos contemporains , notre
instinct serait au dessous de celui des ani-
maux ; notre apathie deviendrait totale.

Les jeunes femmes du Marais sont honnêtes, prévenantes et douces. Parvenues
à un âge plus avancé, elles réunissent à

beaucoup de décence, de politesse, une raison éclairée, rarement défigurée par des prétentions si ridicules, lorsque les beaux jours sont passés. A cette fatale époque, toute femme assez habile pour prendre le ton, le costume de dix années au dessus de celles qu'on lui suppose, rajeunit aussitôt, d'après l'intérêt que sa modeste conduite inspire à ceux qui la voient. Le sort d'une vieille coquette est tout différent ; sa vie offre des désagrémens, des humiliations, arrivant successivement et avec rapidité : la médisance lui lance une foule de traits déchirans ; personne ne prend sa défense : plaindre ses ridicules devient le plus grand effort de générosité qu'elle ait droit d'exiger.

Souvent, dans ces sociétés presque champêtres, percent des mouvemens d'une grosse et franche gaité, signe de la paix de l'ame, conséquemment sûre de plaire. Par fois, cependant, le bruit augmente à tel point que l'on ne peut éviter d'en être très-étourdi, et de former intérieurement des voeux pour voir modérer la joie de l'honorable compagnie. Une aussi avantageuse réforme amènerait, à ce que j'espère,

celle des petits jeux enfantins : véritable-
ment ils sont certains jours d'une longueur
fatigante. Ceux suivis de pénitences présentent des adoucissemens ; mais trois
heures de colin-maillard sont bien terribles pour qui n'a plus quinze ans.

Les hommes remplissent des charges
dans la robe, ou du moins y tiennent
par de nombreuses relations, circonstance, l'origine de beaucoup de connaissance,
de beaucoup de jugement ; leur entretien
plaît tant qu'ils restent naturels. Malheureusement l'arrivée d'un homme de la cour les
rend affectés, guindés, pédans. Du moment
où le hasard amène quelque habitant distingué des autres quartiers, le désir de se
montrer aimable, plein de grâce, rend sot,
mal-adroit; la fureur d'égaler soit le faubourg Saint-Germain , soit la chaussée
d'Antin, produit les plus plaisans effets...
Eh! de grâce , la nature vous produisit
excellentes personnes ; restez tels que vous
êtes : copier les agréables, c'est avoir infiniment trop de modestie.

La différence des ameublemens, celle
des tables, frappent autant que les oppositions morales. L'antique damas cramoisi

semble s'étaler avec complaisance au milieu de larges et pesantes baguettes ; d'immenses sallons conservent, dans leurs
belles proportions, cette noblesse affectée
aux vieux édifices, étrangère à nos modernes colifichets ; les lambris, couverts de
dorure, annoncent autant la richesse que
le peu de goût : l'oeil est bien moins satisfait que dans ces palais enchantés, dont
Paris s'embellit journellement, parce que
l'on ne sacrifie jamais l'utile à l'apparent.
Les vastes cheminées offrent des foyers
abondamment alimentés : les tapis de Tur-
quie dédommagent de leurs sombres couleurs par un velouté chaud et moëlleux :
la vaisselle goudronée indique par sa
solidité le genre de fortune du maître ; elle
ne courra jamais chez l'orfèvre, acquitter
par son poids des façons prises à crédit.
De gros plats sont plutôt destinés à rassa-
sier qu'à flatter des palais sensuels. Les
côteaux de Beaune, de Nuits, conservent
encore une grande considération ; ils n'ont
pas disparu devant le Bordeaux qui, chez
les gens de considération, ne permet qu'au
vin de Champagne de marcher à sa suite. Le
Japon, l'ancien Saxe, justement admirés,

empéchent le sève de montrer ses délicieux, mais fréles agrémens. L'élégance
des formes, la perfection des dessins ne
compenseraient pas un manque absolu de
beautés réelles.

Au ton des domestiques, il est facile de
juger quel rang occupe dans le monde la
maison qui vous reçoit. Plus les fers portés
par l'esclave sont lourds, plus son inso-
lence éclate dans les instans dérobés au
joug : principe certain, suffisant pour éclairer sur la cause des procédés révoltans de
tant... Mais ce serait entrer dans nombre
de discussions épineuses, surtout déplacées, puisque nous ne devons parler ici
que des valets, fort en sous-ordre.

Le suisse d'un grand seigneur vous
toise avec impudence ; la première antichambre expose à des éclats de rire cho-
quans : dans la seconde, des messieurs,
superbement vêtus, examinent les toilet-
tes provinciales ; elles leur inspirent un
sentiment de dédain, presque toujours
exprimé par divers signes durs à digérer.
Tant de hardiesse distingue les alentours
des personnes titrées : chez celles venant
immédiatement après, l'on n'éprouve

qu'un accueil froid et repoussant : différence dont je me sentais touché avant de
connaître ce charmant Marais. Là, le bon
portier, dès votre seconde visite, présente
ses civilités ; le laquais rebondi demande
de vos nouvelles ; le vieux valet-de-chambre se garde bien d'annoncer sans avoir
auparavant montré de l'intérêt, en glis-
sant.... „ Il y a bien long - temps que
„ Madame ne vous a vu; venez - vous
„ aujourd'hui souper chez nous? „ Adieu,
très-cher ami, je vous embrasse,

LETTRE VI.

Ici, mon bon ami, la vivacité des goûts cède de beaucoup à leur légéreté ; très-souvent le même jour les produit et les condamne au plus entier oubli : l'idole du matin est traînée le soir dans la boue. Nous avons vu cet homme vain, audacieux, qu'encensait la multitude, bientôt après abandonné, insulté, entaché d'opprobres ineffaçables aux yeux de ses contemporains comme à ceux de la postérité. Tant d'incertitude produit parmi les habitans de la capitale une parfaite insouciance : chez quelques sages, le résultat de cette philosophie qui prise chaque chose à sa juste valeur, chez les autres l'effet du mouvement continuel , pendant lequel tout esprit faible devient incapable de rien apercevoir audelà des sensations présentes.

Une curiosité déplacée m'a conduit dans le faubourg Saint-Antoine, au milieu du tumulte (*). Quinze à seize cents miséra-

(*) Ce tumulte, dont le sieur Reveillon était l'objet et la victime, n'a aucun rapport avec la prise de la Bastille.

bles, excrémens de la nation, dégradés par
des vices honteux, couverts de lambeaux,
regorgeant d'eau-de-vie, offraient le plus
dégoûtant, le plus révoltant spectacle : cent
mille personnes de tout âge, de tout sexe,
de tout état, gênaient infiniment les opé-
rations des troupes. Bientôt le feu com-
mença ; le sang ruissela : deux citoyens
honnêtes, atteints par des coups tirés au
hasard, me firent rentrer en moi-même,
m'apprirent combien il était imprudent de
s'exposer au danger sans aucune utilité,
m'inspirèrent le désir d'une prompte retraite. Parvenu à jouir de la liberté, après
de longs et pénibles efforts, je suivais tristement le boulevard ; une profonde douleur absorbait tous mes sens ; un poids
affreux oppressait mon ame ; mes pieds
chancelans avançaient machinalement ; je
n'observais rien : tant les maux de l'humanité semblaient m'anéantir ! Tout-à-coup
mon oreille est frappée de bruits confus
redoublés ; mes yeux se dessillent ; ils distinguent une foule considérable, pressée
autour de moi ; mon esprit prévenu croit
voir de nouveaux combattans ; ma bouche
laisse échapper un cri...... Il produisit

peu de sensation sur des voisins nombreux à la vérité, mais entièrement fixés sur le même objet. Un polichinel, par ses plai_ santeries, empêchait deux mille êtres pen_ sans de songer qu'à quatre pas l'on égor- geait leurs semblables ; des blessés passaient sans causer de distraction.

La sensibilité même la plus légère me parut en ce moment ne pouvoir être ins- pirée que par l'éducation ; sans elle l'homme livré à sa férocité resterait toujours impi- toyable : les vertus sont dues à des leçons ; les vices au contraire naissent avec nous. Regardez cette dernière classe de la société ; elle rit, tandis que celle au dessus se livre à la douleur, verse des pleurs sur les désordres dont la patrie se voit menacée. Ce raisonnement péremptoire prenait à chaque pas de nouvelles forces, lorsque des voix distinctes, prononçant mon nom, rompirent le fil de mes idées, qui bien certainement ne se fussent pas arrêtées en si beau chemin. Que devinrent des prin- cipes solidement établis en apparence? ils s'évanouirent sur le champ. Trois jeunes gens usurpant le nom d'ami, d'après l'usage commun, m'appelaient du balcon de l'opéra,

l'opéra, prétendaient que j'entrasse sans dif-
férer : „ Le spectacle est charmant ; tu seras
„ enchanté. Vestris, Gardel se surpassent ;
„ d'honneur, depuis très-long-temps ils
„ n'ont paru aussi supérieurs. „

Un mouvement d'indignation m'empê-
cha d'accepter des propositions pressantes
et réitérées. La solitude calma bientôt mes
sens ; l'humeur fit place par degrés à des
sentimens paisibles : je connus que chaque
inconvénient se rachetait par quelque avantage. L'indifférence, choquante au premier
abord, produit la liberté à laquelle Paris
doit d'être regardé comme le premier séjour
de l'Europe : aucun de ces assujettissemens, qui font gémir sous leurs poids les
provinciaux. Dans nos petites villes nul
homme ne parvient à vivre sans ennemi ;
chaque jour, chaque heure en produisent
d'acharnés, d'irréconciliables ; vos soins soutenus, vos attentions continuelles échouent.
Les visites sont comptées au rang des dettes
sacrées ; une seule oubliée entraîne mille
conséquences sérieuses.

Que d'honnêtes gens vivent malheureux
pour de méprisables bagatelles ! S** placée
sous un ciel riant, voit ses murs peuplés

D

de citoyens riches ; les maisons y sont élégamment bâties, meublées avec recherche ;
les équipages assez nombreux ; plusieurs
femmes très-jolies ; les lettres ont quelques
adorateurs spirituels, éclairés. De tels avantages annoncent des ressources infinies :
point du tout, ils demeurent entièrement
inutiles, parce que dans un bal donné lors
des beaux jours de madame la Comman-
dante, madame la Lieutenante générale du
bailliage prétendit figurer au premier me-
nuet. Depuis environ vingt-cinq ans cette
pomme de discorde entretient des haines
assez fortes pour que les individus restent
vis-à-vis d'eux-mêmes.

Au milieu du mouvement continuel de
Paris, à peine aperçoit-on que son ami soit
absent ; l'instant où il se présente à nos
yeux efface le temps écoulé sans le voir.
Ayez fait une cour assidue, ayez négligé
de paraître, vous vous trouvez presque au
même niveau. Des gens distraits, légers,
plongés dans le tourbillon des plaisirs, des
affaires, ne pensent guères à supputer s'ils
vous ont rencontré plus ou moins souvent:
amusez, ce seul point est important. De
petits orgueilleux se trouvent extrême-

ment blessés du peu de sensation produite soit par leur absence, soit par leurs travaux, méritant selon eux de fixer tous les regards. Personne n'ignore le courroux de certain eclésiastique, chargé par le gouvernement d'une commission aux grandes Indes : ce digne prêtre obtint un plein succès, pensa dès-lors être l'admiration de sa patrie, et ne songea qu'aux difficultés de se dérober modestement aux honneurs qu'allaient lui rendre des concitoyens reconnaissans. Arrivé le soir, son premier soin·fut de voler près d'une vieille et intime connaissance, qui, l'apercevant, s'écria :

„ Ah! cher Abbé, vous voilà ; vraiment
„ il y a des siècles que nous n'avons
„ entendu parler de vous ; vous arrivez
„ de la campagne? „

Sans la crainte de m'embrouiller, je ferais comme M. Guillaume : *je ramènerais mes moutons sur jeu* ; je parlerais de mes héros Romains ; je rapporterais l'agréable récit que nous a laissé Ciceron de son retour à Baies. Ce morceau, plein d'esprit, de grâces, de naïveté, présente un tableau frappant de ce qui se passe sous nos yeux dans le grand monde. Les belles manières

étaient déjà celles de nos jours ; les républicains n'existaient plus ; en revanche
brillaient quantité d'aimables, parfaits dans
leur genre, persuadés que l'univers les admirait, et dont la vanité recevait mainte
humiliations. Celles essuyées par le sauveur de Rome montrent qu'un grand
homme n'est pas toujours exempt de faiblesses, mais il les reconnaît très-vite :
sérieuses, elles le font rougir, peu importantes, elles le font sourire. Quittons cette
ancienne Italie, ma véritable marotte, trop
souvent rebattue pour ne pas lasser ; un
second Montesquieu pourrait seul traiter
avec succès un sujet aussi épuisé.

Sortant de chez le comte D *** qui, long-
temps notre chef, nous rendit très-heureux,
qui conserve tant de droits à notre attachement, et près de qui se rencontre la vertu
sous les traits de la beauté, une distraction
me conduisit au port Saint-Paul, sur lequel, depuis ma tendre jeunesse, je n'a-
vais pas songé à mettre les pieds. Ce lieu
me causait de la surprise, lorsque des signes
redoublés frappèrent mes yeux : j'appro-
chai et reconnus avec plaisir une vieille
amie de ma mère. Monté chez elle, les

embrassemens, les effusions de tendresse,
connues des seules belles ames, embellirent
sa réception. Peu d'instans s'étaient écoulés
quand j'aperçus qu'un air de tristesse avait
succédé aux transports de joie qui d'abord
animaient ma respectable veuve. „ Dai-
„ gnez, lui dis-je, m'accorder un peu de
„ confiance; quel nuage a tout-à-coup altéré
„ vos traits? — Hélas! mon fils, je crains
„ de vous retrouver malheureux ou souf-
„ frant. — Pourquoi, s'il vous plaît, cette
„ inquiétude? — C'est que depuis votre
„ arrivée nous nous sommes entretenus
„ paisiblement, tandis que, lors de vos
„ autres visites, au bout d'un quart d'heure
„ la maison était bouleversée, pas de meu-
„ ble qui restât en place. „ J'eus assez de
peine à dissiper des alarmes très-flatteuses
assurément, mais mal fondées. Plusieurs
raisonnemens furent nécessaires pour faire
comprendre que vingt ans écoulés depuis
le dernier jour où nous nous étions vus, de-
vaient avoir infiniment changé mes goûts,
et qu'il ne serait pas naturel que mon
plaisir de prédilection se trouvât comme
ci-devant à faire sauter les chats par la
fenêtre: certes il y a plaisir de renouveler

connaisance avec gens qui , après un si
long espace de temps, vous retrouvent au
point où ils vous ont laissé : cette indulgence peut produire mille bons effets , dont
les suites sont incalculables.

Mon amitié pour vous est seule au dessus de toute variation ; elle paraîtra la
même , vécussions - nous autant que feu
Mathusalem. Adieu.

LETTRE VII.

Une excellente preuve de progrès dans tout art est, à ce que je pense, mon bon ami, d'apercevoir les fautes commises par ceux qui le cultivent. D'après cet axiome, je puis être fier du succès prodigieux qui couronne mes efforts pour acquérir l'usage du monde : je commence à découvrir les ridicules ; bientôt j'en prêterai : que faut-il de plus pour réussir ? Versailles même ne saurait m'en imposer : j'approche donc *d'un parfait achevé.*

Le comte de S ** m'a comblé de bontés, et m'a pressé de venir chez ses parens retenus à la cour. Ses témoignages d'amitié, dictés par le sentiment, exprimés avec chaleur, ont pénétré mon coeur ; un trouble involontaire n'a pas permis à ma reconnaissance de paraître dans toute son étendue ; mais l'invitation a été acceptée avec plaisir. Cependant j'hésitais ; devais-je aller dans une maison où certainement les beaux airs avaient atteint le plus haut degré de sublimité , où conséquemment , l'espèce

de hardiesse, acquise depuis peu, dispa-
raîtrait soudain? Enfin l'embarras, cédant
à la réflexion, j'ai pris un parti ferme
avant-hier, et suis arrivé après trois heures.
Loin de trouver des motifs d'admiration,
tout a blessé mon goût épuré.

Le ton par excellence, le jargon brillant, le persifflage divin, la hauteur imposante, sont bannis de cette famille : à leur
place paraissent un accueil prévenant, une
politesse décente, un entretien intéressant,
une bonté sans familiarité; enfin les usages
du règne de Louis XIV, usages très-per-
fectionnés, pour ne pas dire entièrement
oubliés de nos jours. L'illusion parvint au
point que je crus souvent entendre les
Montausier, les la Rochefoucault, insupportables rabacheurs, si peu ressemblans
au commun des courtisans actuels.

Combien sont incertains nos pas vers le
Beau! Avouerai-je sans rougir qu'un mouvement de respect faillit me subjuguer?
Mon imagination parvint, avec quelque
difficulté, à reprendre sa juste mesure, à
sentir le peu d'égards dus aux choses dans
lesquelles la raison semble préférée à la
mode. A peine mon esprit échappait au
danger,

danger, que mon coeur vivement ému fut
prêt à céder : la tendresse, l'union, régnant
entre père, enfans, frères, époux, présentaient un spectacle bien attachant. „ Que
„ la vertu réunit d'attraits ! elle seule cap-
„ tive tous les suffrages : „ paroles dictées
par une voix intérieure, qu'étouffa bientôt
le plus pressant raisonnement. „ Si ces fu-
„ reurs de parenté s'emparaient de la so-
„ ciété, elle deviendrait d'une maussaderie
„ tuante ; laissons les bons ménages relé-
„ gués au fond des campagnes ; vivre parmi
„ eux, autant vaudrait avaler sa langue :„
voilà le langage des aimables de nos jours :
ah ! quand les aurai-je atteint ! quoique me
formant à souhait, la distance paraît encore bien grande !

Traitant en véritable homme du jour mes
nouvelles connaissances, elles obtinrent,
pour unique partage, beaucoup de pitié. Je
souriais et faisais mon profit de leur manque
de tact ; car près de juges éclairés j'étais perdu
sans ressource, tandis que ces bonnes gens
ne cessèrent de me traiter avec distinction,
quoique les boucles de ma coëffure fussent
dérangées, et mes manchettes *horriblement*
chifonées. Le jeu de la Reine excita ma

E

curiosité : votre ami y aurait éprouvé assez de contrainte et d'ennui, si un heureux hasard n'eût offert à ses yeux certain groupe de curés avec le parapluie sous le bras. A ce signe caractéristique il reconnut ceux qu'il devait rejoindre ; il y courut porté par cet attrait que tout homme éprouve pour les lieux où sa supériorité peut lui assurer de la prééminence : dès-lors la confiance renait. Ah ! que l'on est content de soi au milieu d'un cercle d'admirateurs ! nuls d'entre eux qui ne plaisent, qui ne soient accueillis favorablement.

Au moment de la retraite, le plus attentif de mes auditeurs, par conséquent le plus distingué, annonça ne pas vouloir sortir : le Dauphin, appelé à plusieurs reprises pendant le cours du loto, l'avait flatté d'un doux espoir ; il voulait à toute force voir le jeune Prince.

A la cour, à la ville et aux champs, le véritable ami conserve les mêmes sentimens. Celui que les lieux, que les circonstances ébranlent, avait usurpé un titre que je sens bien m'appartenir toutes les fois que je pense à vous, et c'est presque sans interruption. Adieu.

LETTRE VIII.

METTEZ fin à vos sanglans reproches, soyez certain, mon très cher ami, que loin de perdre de vue le sexe auquel nous devons nos plus beaux jours, je ne cesse de l'étudier au milieu de mes différentes observations.

La beauté est pour le moins aussi rare à Paris que dans nos provinces ; mais plus souvent se rencontrent un air hardi, une démarche assurée, qualités indispensables pour produire l'excellente tournure actuelle. Le son de voix agréable, le regard touchant, le maintien modeste n'obtiendraient aucun succès. Les moyens de plaire ont éprouvé de prodigieux changemens ; il faut maintenant qu'une jolie femme prenne les manières reprochées jadis aux jeunes étourdis : son esprit paraît tranchant, affirmatif ; son caractère, ferme, résolu. Plus de traces de cette aménité, de cette

faiblesse , également précieuses , intéressantes aux yeux des hommes simples.

Les passions demeurent reléguées dans
le pays des chimères , tandis que des liaisons commodes naissent en foule de toutes
parts.

C'est d'après nos anciennes moeurs que
nous conservons une réputation de galanterie dont l'ombre n'existe même plus.
Généralement l'on se prend , l'on se quitte
plutôt par convenance que par goût. Le
voisinage d'une maison , celui d'une terre,
déterminent à vivre ensemble gens qui
n'eussent pas , sans pareille circonstance ,
pensé l'un à l'autre. Le caprice produit
très-souvent des aventures terminées assez
promptement pour que le public les ignore,
et pour que les deux parties s'en souvien-
nent à peine huit jours après. Au milieu
de cet éloignement pour les grands sentimens , naissent quelques unions solides ,
que la sévère vertu n'ose approuver, mais
qu'elle ne saurait blâmer : la constance, les
égards soutenus réparent leur irrégularité;
ce sont des seconds mariages.

Force beaux messieurs s'affligent sincèrement de découvrir chez leurs épouses

des motifs d'éloges. En effet, quoi de plus
cruel ! avoir sous les yeux un trésor dont
il faut penser que quelque étranger sera
possesseur ! prétendre en jouir seul serait
d'un ridicule achevé. „ Ah ! s'écrie le
„ vicomte***, quelle mortelle approcha
„ jamais autant de la perfection ! je tom-
„ berais à ses genoux ; je l'adorerais si je
„ ne voyais pas en elle ma femme. Heu-
„ reux cent fois, heureux qui possédera
„ son coeur ; il me fut consacré, mais l'u-
„ sage défendit que je l'acceptasse. „

Par malheur rien d'aussi nécessaire qu'un
amant. La jeune personne, sortant du cou-
vent, se trouve tout-à-coup jetée dans le
tourbillon ; sa belle-mère l'excède de soins
ennuyeux, de remontrances insipides. Son
mari la néglige ; les femmes la jalousent ;
les hommes seuls la recherchent ; des séductions sans nombre sont employées ; des
protestations d'autant plus vives qu'elles
s'éloignent de la vérité ; des sermens dé-
mentis intérieurement quand la bouche
les prononce avec véhémence. L'art de
tendre à l'innocence des piéges trop bien
concertés pour pouvoir les éluder, est avec
raison recherché comme le premier talent :

E 3

plusieurs années consacrées à son étude, font acquérir des moyens victorieux : aussi la beauté, dans le printemps de l'âge, appartient presque toujours à des hommes dans leur automne : seuls ils savent l'attaquer assez habilement pour la conduire au fond du précipice avant qu'elle ait aperçu sa première imprudence. Tour-à-tour paraissent le masque de la vertu, le nom de l'amitié, surtout l'excès de sensibilité. Sensibilité, que ce mot est prodigué ! personne qui ne le prononce avec emphase, qui n'en fasse un étalage fastidieux : serait-ce d'après la fureur très-connue de se vanter des avantages dont on sent être dépourvu ?

Les nombreux succès des *roués* entraînent plusieurs inconvéniens. Toute femme prenant le caractère de son premier amant, celle qui tombe dans son début entre de mauvaises mains, reste corrompue sans ressource, et répare chaque faute par de nouvelles. Ayons le courage d'avouer que ces êtres si séduisans, comblés par la nature des plus riches présens, que rachètent de tristes infirmités, esclaves d'injustes lois, ont droit de nous attribuer leurs torts : nous les égarons; nous les entraînons vers

le vice ; nous les forçons à la duplicité ;
nous les accablons ensuite de mépris.

Paris possède sans contredit les premiers
maris du monde connu : leur douceur ,
leur complaisance , leur modération méritent de magnifiques éloges. Par une grâce
d'état, le plus borné d'entre eux se conduit
à merveille sur cet article très-délicat en
apparence. Le comte de S. V. N. , dont la
vie entière offre un tissu parfait de sottises ,
de maladresses , de gaucheries , découvre
que son adorable compagne couronne les
feux d'un amant digne d'elle. Grandes
alarmes ; le couple amoureux tremble de
voir rompus des noeuds plus chers que la
vie. Nullement *la robe produit son effet*: mon
imbécille raisonne comme le doyen des sept
Sages , évite l'éclat , s'abstient simplement
de jamais voir la coupable ; punition qui ,
très-petite à ne considérer que le prix
de sa présence , produit à la longue assez
de gêne.

Les provinciaux sont à cent piques de
ces admirables modèles. Chaque jour voit
diminuer le nombre des jaloux , sans que
l'espèce soit encore éteinte. Ceux d'entre
nous qui veulent montrer du courage , y

E 4

réussissent si mal, que leurs rires forcés, leurs plaisanteries affectées, annoncent la contrainte, découvrent aussitôt où le bât blesse. Chers amis, compagnons de fortune, devenons gens de cour; rions des espiégleries de l'hymen ; banissons les noirs soucis de nos fronts déjà trop surchargés; introduisons la gaîté parmi notre nombreuse association ; conservons le caractère de bonhomie qui nous sied à merveille; ne montrons de la fermeté que lorsque des imprudens sans principes s'oublieront au point de nous traiter avec légéreté; ne souffrons pas qu'aucun amant viole les droits les plus sacrés, en plaisantant le mari patient, qui dans toute supposition est un être respectable pour son substitut.

Prévenances, déférences, attentions recherchées, nous vous avons vu passer de mode; nous vous réclamons hautement. Vous occupâtes notre jeunesse, embellissez nos autres années. Le cri public ne saurait s'élever avec trop de promptitude, avec trop de force contre tant de relâchement. Le mal presse: dans peu d'années, dans peu de mois il sera sans remède. Déjà

on nous laisse près de la porte; déjà les
meilleurs morceaux ne nous sont plus
offerts; en un mot, les prérogatives de
l'état tombent.

Quelques femmes, moitié vertu, moitié
vanité, entreprennent de se bien conduire.
Très-peu exécutent ce projet aussi louable
que difficile, si la nature ne seconde pas
leurs bonnes vues, par l'absence totale
des moyens de plaire. La marquise * * *
est entrée dans le monde, résolue de ne
former aucun attachement. Pendant cinq
ou six ans sa figure, son esprit, lui ont
valu des hommages empressés, flatteurs
quoique rejetés. Ils se sont évanouis tout-
à-coup. Du moment où son indifférence
parut inébranlable, elle demeura isolée,
peu recherchée par les deux sexes : l'un
ne prétendait pas encenser la divinité qui
ne laissait espérer nulle récompense; l'autre fuyait la prude, qui par sa sévérité
critiquait les usages reçus. Cette créature
angélique, née pour embellir la société,
devint absolument nulle; l'impatience,
l'ennui, empoisonnèrent sa vie; son esprit
fut blessé, son coeur souffrit. Une seule
ressource restait contre tant de maux; elle

l'employa, et se crut très-heureuse de recouvrer de l'existence, en sacrifiant partie de sa réputation.

Moralistes, aspirez-vous à donner d'avantageuses leçons, au lieu de vaines déclamations écoutées avec indifférence, que l'expérience soit votre guide. Contrarier la nature, étouffer les passions, rien au monde de plus chimérique. Tirer le moins mauvais parti possible des faiblesses humaines, tourner vers le bien les orages de l'ame, c'est le plus haut point où l'on puisse raisonnablement aspirer. En interdisant aux femmes tout attachement, vous leur devenez inutiles, vous leur faites éluder vos lois trop sévères pour qu'elles les croient prononcées de bonne foi. En recommandant de n'agréer les voeux que des hommes honorés de l'estime publique, vous rendrez d'importans services, vous sauverez d'aimables créatures, vous assurerez le repos de respectables familles.

Plus de messalines livrées aux derniers emportemens, bravant les préjugés reçus, faisant gloire d'effrontés et honteux déréglemens.

„ Plus de ces femmes hardies
„ Qui, goûtant dans le crime une tranquille paix,
„ Ont su se faire un front qui ne rougit jamais. (*)

Si Bussi renaissait, ce bel esprit ne trou-
verait pas parmi nous d'héroïnes semblables à celles dont il s'est fait l'historien.
Jusqu'à la révolution qui va nous régéné-
rer, nuls caractères n'étaient fortement
tracés; notre siècle n'offrait que de petits
événemens, de petites vertus, de petits
défauts : tout joli, rien d'énergique ; nos
yeux, délicatement constitués, ne pouvaient supporter que des couleurs tendres.
Adieu.

(*) RACINE.

LETTRE IX.

Mon ami, quel coup de lumière! quelle heureuse découverte! attendez-vous à l'entier bouleversement de vos idées. Par une injustice commune à tous les hommes placés loin de la haute fortune, vous vous plaignez amèrement des airs de protection, des procédés insultans, des manières choquantes de nos grands-seigneurs. Hé bien, un seul mot va vous éclairer. Vous tomberez à leurs pieds, pénétré d'admiration; vous bénirez cent fois le duc*** qui, dans un de ces entretiens dictés par la cordialité, m'a découvert *le vrai des choses.*

Serai-je jamais riche d'aucun bien sans le partager avec mon ami? non, sans doute. J'ai rassemblé, mot pour mot, les différentes choses dites par chaque interlocuteur. L. D. désigneront le bienfaiteur L. P. son respectueux obligé.

L. D. Eh! bonjour, mon très-cher: je

suis ravi, comblé de vous revoir ; il y a des
siècles que vous n'êtes venu. Parbleu !
vous devez être passablement satisfait du
séjour de la capitale : vous vous formez
d'une manière miraculeuse ; vous êtes
moins , mais beaucoup moins gauche ;
votre tournure devient presque bonne :
sans un reste de politesse outrée, qui sent
le provincial d'une lieue à la ronde , et
qui rappelle le goût du terroir, vous seriez,
sur mon honneur, une espèce de chef-
d'oeuvre, dont je me vanterais d'avoir fait
l'éducation. Allons, encore quelques coups
de rabot , après quoi l'on me verra fier de
mon ouvrage.

L. P. C'est à vos bontés , M. le duc,
qu'il faut attribuer quelques faibles succès. Je sens trop le prix d'éloges aussi
flatteurs, pour ne pas travailler assidûment à les mériter de plus en plus. Quant à
mon honnêteté que je ne croyais nullement
complimenteuse, elle sera réformée , mais
sans espoir de jamais atteindre , à cet égard,
l'aisance des hommes de votre rang, qui
très-souvent m'ont blessé par leur hauteur:
elle m'a , jusqu'à ce jour, paru déplacée ;

vous saurez sans doute lui donner une valable excuse.

L. D. Comment! une excuse? Sachez que l'on doit être pénétré de reconnaissance, lorsque, malgré notre supériorité, nous daignons admettre, en qualité de complaisans, les gens nés dans des états inférieurs. Quelles que soient nos différences apparentes, elles n'approchent pas de celles qui se rencontrent dans le moral. Une distance incommensurable sépare l'ame du duc de celle du gentillâtre, du bourgeois; leur esprit n'a pas la moindre similitude. Aux gens de la cour appartiennent en propre les grandes idées; les petites, les rétrécies sont votre partage. Pardon, je suis fâché de ma franchise; mais la vérité quelquefois nous échappe.

L. P. Ah, M. le duc, je respire! J'ai pendant un moment tremblé; j'ai craint que vous ne nous réduisissiez à la triste végétation. Recevez tous mes remercîmens; je prends bien vite pour mon lot *les idées rétrécies*. Trop heureux d'en être quitte à si bon marché, je reste convaincu que la nature elle-même nous a classés, et que nous devons obéir sans murmurer.

L. D. Oui, en vérité, un mouvement inné distingue les grands du reste des humains, à l'instant même où ils reçoivent la lumière; l'éducation supérieure, réservée pour eux seuls, achève de les perfectionner. Cette réunion de circonstances doit mettre l'autorité entre leurs mains; ils sont nés pour commander. Que les petits obéissent aveuglément. Les plaintes seraient extravagantes, déplacées. Nous ne prétendons donner des lois que d'après la confiance intime d'une élévation dont aucun de vous ne peut nier l'existence. Comme maîtriser plaît rarement, s'en charger devient preuve complette d'infiniment de complaisance.

L. P. Me voilà désormais convaincu des nombreuses obligations imposées par tant de signalés services. L'indulgence, la générosité qui vous distinguent, sont bien moins intéressantes que cette humanité, que cette modestie sous lesquelles votre génie reste caché; les courtisans, en général, se contraignent au point de paraître

on ne saurait plus médiocres, soit dans
leurs discours, soit dans leurs écrits, surtout dans leurs actions. Pour y parvenir,
quels efforts ne sont pas nécessaires! Je
crois voir des géans descendant au niveau
des nains.

L. D. Vous trouvez la véritable clef,
vous jugez sainement, vous entendez à
demi-mot, ce qui est rare, presque unique
dans votre ordre, j'en suis d'honneur
émerveillé.

L. P. Permettez une question qui certainement sera la seule. Sachant combien
les questionneurs sont à charge, je me
garderai d'en augmenter le nombre. Comment sommes nous comblés de familiarité,
de prévenances, d'offres de secours, pendant tout le temps que nous ne deman-
dons rien? belles apparences remplacées
par une froideur subite, du moment où
le plus léger service est sollicité.

L. D. Tudieu! M. le provincial, vous
êtes pressant: vous mériteriez que je vous
donnasse pour réponse: *Mortel, n'aspirez
pas à pénétrer les mystères des dieux.* Mais je
consens

consens à m'humaniser, à contenter votre
curiosité, toutefois sans que cela soit d'aucune conséquence pour l'avenir. Appre-
nez donc qu'un respect mêlé d'attachement
se compte parmi les jouissances pleines de
charmes, tant qu'elles ne coûtent rien.
L'acheter par quelque gêne serait dupe-
rie ; risquer d'y user son crédit serait
démence. Lorsqu'un homme implore de
l'appui, des réponses très-froides le décon-
certent, le dégoûtent, supposé qu'il ait du
mérite. Au contraire, si c'est une *espèce*,
il réitère ses tentatives. Dès la seconde,
permis de lui rompre en visière.

Une main à la fois caressante, repous-
sante, entraînante vers la porte, m'apprit
que le moment de se retirer était arrivé.
Cette main était offerte avec des regards
annonçant le contentement de soi-même ;
l'orgueil flatté du doux espoir d'avoir
déployé de la dignité adoucie par beaucoup de bonté. Certes, le cher homme
qui me traitait si parfaitement, dut demeu-
rer bien certain que les expressions, devenaient trop faibles pour bien peindre à
quel point je partais attendri. Jamais congé
expédié de meilleure grâce. Adieu.

F

LETTRE X.

Ce ne sont point, mon cher ami, les choses essentielles qui présentent le plus de difficultés : avec l'ombre du bon sens, soutenu par beaucoup de zèle, tout homme devient assez promptement estimable. Mais quelle distance de ce caractère à celui d'aimable ! Pour obtenir un plein succès, il faut approfondir mille détails essentiels, très-difficiles à saisir, d'autant que leur petitesse les rend, pour ainsi dire, imperceptibles. Parcourons-en quelques-uns, d'après lesquels votre imagination prendra facilement l'idée des autres.

Les visites ne sauraient être trop courtes ; les premières phrases affectueuses font place à celles qui traitent l'événement, les spectacle, la mode du jour ; l'entrée dans l'appartement semble, d'après ses suites importantes, exiger de nombreux essais. La perfection ne laisse rien à désirer, quand le geste, le son de voix réunis, produisent

un effet assez pittoresque pour capter l'attention, l'admiration des spectateurs. L'on n'y parvient qu'en possédant grâces et assurance; c'est le lot de très-peu d'êtres privilégiés. Plusieurs étourdis, cherchant à les imiter sans nuls moyens, se couvrent de ridicules. Les gens raisonnables tâchent d'éviter l'éclat, de mettre dans leurs démarches autant de modestie que faire se peut, sans montrer d'embarras. Les mouvemens précipités, les regards portés avec rapidité sur la pendule, les discours plus coupés, annoncent que de pressantes affaires laissent à peine le temps de respirer : la retraite, si bien préparée, rencontre par fois de feintes oppositions ; y céder déplairait, paraitrait mal-adresse complette. „ L'on s'ar-
„ rache, le désespoir dans le coeur ; l'on
„ quitte la plus délicieuse mortelle ; l'on
„ gémit de ne pouvoir jamais faire un
„ instant sa volonté : au premier jour
„ l'on attendra d'être impitoyablement
„ chassé. „ Baiser, en se retirant, une main nonchalamment offerte, met le dernier fini ; la pantomime joue un très-grand rôle, depuis que la vivacité d'esprit est

E 2

templacée par celle de corps, bien préférable sous tous les rapports.

Dans toute maison montée sur certain
ton, un domestique surveille le district
des devoirs relatifs aux malades, aux
morts, aux mariés. Personne qui ne trouve
pitoyable d'aller faire estropier son nom
sur une liste chez des indifférens, souvent
même chez des inconnus, dont la bonne
ou mauvaise fortune touche infiniment
peu : mais cette attention devient indispensable, à moins de rester séquestré.

Les affligés sont soumis à de contrarians
assujettissemens dont leur douleur ne saurait exempter. Le parent au trente-sixième
degré, l'ami d'une année ont droit de forcer
la porte d'une mère tendre, pleurant son
fils chéri. Les figures s'efforcent d'acquérir
du sombre; quelques soupirs de commande,
accompagnés d'hélas, marquent les arri-
vans; après deux ou trois minutes de contrainte ils reprennent leur caractère. Les
entretiens à l'oreille deviennent fréquens ;
le cercle n'acquiert que plus de gaîté d'a-
près la petite gêne de parler à voix basse:
pendant ce temps la malheureuse victime
demeure isolée, souffre de l'embarras occa-

sionné par les étrangers, sans recueillir aucune des consolations qu'ils pourraient apporter.

La fièvre s'empare-t-elle d'un garçon sans grande existence, ses plus intimes relations le délaissent: quelques unes, visant à l'héroïsme, paraîtront deux secondes. „ Bonjour, mon cher; comment te trouves- „ tu ? ce ne sera rien; ménage-toi; au plai- „ sir de te revoir; impossibilité absolue de „ m'arrêter; pas assez de temps seulement „ pour prendre une chaise. „ Des mains mercenaires rendent grossiérement les soins si nécessaires aux souffrans, en produisant souvent de plus heureux effets que les secours de la faculté.

Cet abandon, quoique fort cruel, est cent fois préférable à l'empressement auquel le riche doit de ne pouvoir jouir du moindre repos. Sa chambre paraît embarassée d'une foule très-incommode; comment la dissiper? Chacun des personnages allègue quelque titre d'entrée; les femmes prétendent donner d'excellens avis; nulle d'entr'elles sans la meilleure recette. L'aigreur se fourre au milieu des caquets; le bruit croît au point d'incommoder même les valets.

Quatre médecins, étourdis de ce vacarme, perdent la tête, dictent une ordonnance au hasard, et partent sans rien savoir de positif, sinon qu'ils ont touché de bons honoraires : leur sortie devient la source d'intarissables débats. La duchesse de * * * soutient le docteur B * * *. ; la marquise de * * * affectionne son rival : grande dispute. A la chaleur que mettent ces dames, l'on croirait qu'il s'agit d'un amant; les épigrammes, dirigées d'abord contre les protégés, font place aux personnalités déchirantes. Un officieux ramène la paix ; nos combattantes abandonnent le champ de bataille, écumant de rage, prédisant des malheurs si le parti contraire triomphe. Le pauvre patient pense qu'à l'orage dont il a tant souffert va succéder un heureux calme. Trompeur espoir ! la scène de dix minutes fournit pour des heures entières d'histoires, de réflexions, de médisances assez bien conditionnées pour friser de près la calomnie.

Si, pour remplir le voeu de la nature, l'animal, touchant à sa dernière heure, cherche le calme, en revanche la société jette l'homme au milieu des troubles, eux

seuls rendent affreux un moment peu difficile à supporter par lui-même ; l'égalité
primitive reparaît ; l'énorme différence ,
entre les souffrances , les alarmes des
divers mourans, compense suffisamment
les distinctions , soit de fortune, soit de
rang , soit de plaisir , pendant des instans
sans valeur quand ils sont passés.

. Supposé que le bonheur habite sur la
terre, les abbés s'en sont emparés. Point
d'état comparable au leur. Ils sont accueillis , recherchés , ne traînent aucune suite
embarrassante , ont le bon esprit de ne
solliciter ni pour parens , ni pour amis ;
vivent uniquement occupés d'eux-mêmes ;
de plus , amans discrets , ou confidens
adroits. Plusieurs, vrais protées, s'emparent
de tous les esprits d'une maison , y savent
tout à la fois servir les goûts de la femme ,
conduire les affaires du mari, gouverner
le grand-père, favoriser les étourderies du
jeune homme livré à l'impétuosité de ses
passions, essuyer les pleurs que le premier
amour fait verser à la jeune soeur, choisir
les ouvriers , les artistes dans tout genre,
enfin disposer despotiquement des gens
qui communément sont loin de partager

l'enthousiasme de leurs maîtres. Le petit collet produit donc quantité d'heureux effets, parmi lesquels peuvent en général se compter un revenu considérable , un teint fleuri, un appétit triomphant, une fortune soutenue à tous les jeux. Ces biens réunis n'approchent pas de ceux qui leur sont souhaités, comme le prouvent les expressions sans cesse répétées : *ce cher abbé , ce pauvre homme!*

Où retrouver des traces de l'âge d'or, plus frappantes que les respects rendus aux grands-parens (*), qui sont embrassés , caressés , plantés là d'une manière ravissante? Mille soins soutenus distraient le vieillard de ses maux ; car, au moment d'en rendre compte, il est agréablement interrompu par la manière de placer un pouf. L'extrême sensibilité ne permet pas d'écouter de déchirans détails.

Point de mode aussi générale que de parler éducation. Cet objet intéressant se discute sans cesse sous diverses faces,

(*) C'est ainsi que l'on doit appeler père, mère, grand-père , grand'mère, dernières expressions trop triviales pour que personne avec de l'usage les prononce.

dont plusieurs très-singulières. Personne qui n'ait un plan arrêté, qui ne débite d'excellentes maximes, qui ne produise des miracles. La calomnie, la médisance se taisent; chaque parent loue les efforts de son voisin, quoique blâmant ses moyens : tribut accordé généreusement, toujours rendu de même. Le merveilleux consiste dans l'heureux talent de tout faire pour des enfans idolâtrés, sans sacrifier le moins du monde de ses plaisirs, sans négliger ses affaires, sans voir ses élèves plus d'une minute de suite. Un gouverneur, *homme précieux, au dessus de son état, véritable trésor*, reste seul chargé du travail. Des prévenances outrées en public, des procédés durs dans l'intérieur, de l'ingratitude pour terminer, ont dégoûté d'un emploi respectable, lorsqu'on le remplit bien, beaucoup d'hommes estimables. Ceux qui les remplacent n'en forment pas moins des prodiges.

Mon cher, sans le patriotisme qui me fait sentir combien la France sera redoutable, entièrement peuplée de grands hommes, j'éprouverais un sentiment pénible, en prévoyant qu'avant dix ans nous

n'oserons plus parler. En effet, comment
soutenir la comparaison avec nos jeunes
seigneurs ? Dès l'âge de douze ans ils
n'ignorent rien. Littérateurs, philosophes,
savans, artistes, chaque jour embellira de
semblables merveilles. A force de supériorité, ils obligeront la nation à rendre
les priviléges arrachés avec justice, quoique trop violemment. Le retour paraît fort,
nullement chimérique, puisqu'il ne faut,
au bout du compte, que rejeter dans l'aveu-
glement vingt-trois millions d'êtres, assez
injustes pour, à propos de botte, s'être
avisés de raisonner, et de ne plus vivre
comme des machines passives, sur lesquelles tombaient les inconvéniens sans nul
profit. Alors on oubliera sans doute qu'un
ordre aussi ancien que respectable a été
renversé, d'après les abus réitérés de ses
prétendus chefs ; que les simples gentilshommes, conservant seuls des vertus dé-
daignées à la cour, se sont trouvés victimes de coups portés indistinctement à tout
le corps ; que les maux, causés par les
grands, n'ont pas permis de rétablir les
droits [de l'humanité sans blesser ceux
de la noblesse. Cette généreuse noblesse

trouvera bien des dédommagemens à ses sacrifices, dans l'amitié, dans l'estime de ses concitoyens. Quant aux courtisans, de longues épreuves deviennent nécessaires pour obtenir la confiance nationale. Tenteront-ils de recouvrer leur ancienne existence? autant vaudrait entreprendre le fameux voyage d'Astolphe.

Mon oreille grossière a pendant assez long-temps souffert du tutoiment adressé aux mères; il me semblait que la tendresse qu'elles inspirent doit tenir du respect. Je suis à cette heure instruit que sans familiarité pas d'attachement exclusif; d'ailleurs l'enfant apprend de bonne heure à dépouiller une considération avec laquelle on ne saurait jouir d'aucun agrément, dans le courant de la vie. Adieu, je vous embrasse.

G 2

LETTRE XI.

Une petite aventure, qui m'est arrivée ce matin, semble valoir la peine de vous être racontée : la voici. Je sommeillais encore paisiblement, quand tout-à-coup ma porte s'ouvre précipitamment : mon laquais entre avec l'air très-effaré, et me dit qu'un homme prétendait me parler à toute force et sans nul délai. Il prend le ton le plus persuasif pour ajouter que ce monsieur avait bien mauvaise mine, que l'on ne saurait le renvoyer assez vite, et que son habit noir, percé de tous côtés, son costume de misère, présentaient un aspect effrayant, d'autant plus que son ton de voix, très-peu modeste, ne répondait nullement au reste de l'équipage. Un mouvement de curiosité, mon cher ami, a fait rejeter le conseil, et paraître peu après l'inconnu.

La vue du personnage eût causé de l'émotion au plus déterminé. Ma mémoire a, sur le champ, travaillé, pour retrouver si par hasard il n'existait pas quelque créancier de vieille date, en droit d'obtenir *certain mot de sentence.* Après une ou deux phrases très-courtes, nous nous sommes assis avec assez d'embarras des deux côtés. La gêne a disparu par degrés ; des discours sublimes, pleins de feu, de génie, m'ont causé autant d'admiration que de surprise. Notre ami Marssa, dont le coup d'oeil est infaillible, a découvert la vérité : „ Ce n'est „ point un huissier que tu écoutes, mais „ bien un auteur. „ Ma politesse a redou- blé : bientôt j'ai su qu'un écrivain célèbre, digne d'éloges tant par des écrits supé rieurs, que par des qualités morales tres- respectables, m'honorait de sa visite, fa- veur on ne saurait plus flatteuse. La for- tune aveugle, au lieu de couronner ce mérite distingué, l'accable de disgraces, soutenues avec une noble fierté : loin d'implorer des secours, il m'assurait de sa protection. En rendant justice au senti- ment qui l'inspirait, j'ai pensé qu'accepter de telles offres ne porterait pas des profits bien considérables, et me suis borné à parler de ma reconnaissance.

G 3

Tout grand-seigneur méprise, souvent même déteste ceux qui cultivent les sciences ou les lettres. Ses bontés sont accordées par pure vanité, de manière que la main qui répand avec ostentation le plus de bienfaits, porte des coups secrets, déchirant les coeurs sensibles et généreux. Un mortel, flatté depuis son enfance, accoutumé à n'être entouré que de valets, pénétré d'admiration pour lui-même, souffre impatiemment que quelque téméraire ose le surpasser : il jure de le punir; il y parvient tôt ou tard. Le bel esprit de profession, qui prétend vivre dans le grand monde, doit se préparer aux plus cruels affronts : c'est bien plutôt à lui qu'au navigateur, *d'armer son sein d'un triple airain*. Si l'ivresse d'une fausse gloire dirige sa conduite, de vaines illusions bientôt dissipées le rendront à la vie privée, dans laquelle se réunissent les avantages de l'étude, les douceurs de l'égalité, les charmes de l'amitié, les jouissances de la nature. Celui que malheureusement l'intérêt arrache de son cabinet, est perdu sans ressource ; dans peu l'humiliation flétrit ses qualités estimables, obscurcit ses talens, produit un de ces prétendus philosophes qui, déshonorant le premier des titres, attirent tant d'injustes persécutions sur les vrais sages.

Acheter un livre très cher, le déposer dans sa bibliothèque, ne jamais l'ouvrir, rien d'aussi commun : cependant l'amour propre prétend juger, veut assigner à tout écrivain quel rang lui appartient : le satisfaire, sans contrarier la paresse, devient assez difficile. Des lecteurs attitrés, véritables trompettes de renommée, courent chez les libraires, y lisent l'ouvrage du jour, viennent ensuite diner dans un hôtel, rendent des comptes faits avec quelques talens, ont l'attention de présenter tantot l'éloge, tantot la critique, suivant que l'auteur et ses productions plaisent ou déplaisent à des auditeurs dont ils désirent avant tout les suffrages. Le voyage d'Anacharsis paraîtra aux yeux de la postérité, comme un superbe obélisque élevé parmi des monumens sans nombre, de plusieurs desquels se distingueront à peine quelques faibles débris. Au génie soutenu par l'érudition, embelli par la magie du style, appartient de droit l'admiration de ses contemporains,

encore plus celle des siècles à venir, chez
lesquels la jalousie ne parvient pas. Je
suis donc loin de blâmer les pompeux
éloges prodigués par le public, mais j'observerai que plusieurs femmes disaient de
cet ouvrage des choses merveilleuses,
avant d'avoir eu le temps de jeter les
yeux sur le premier chapitre.

Me voici bien revenu de l'usage, scrupu-
leusement observé par les écrivains, d'offrir de beaux exemplaires à leurs prétendus
protecteurs, à leurs puissans amis. Ce n'est
pas sans quelque confusion que j'ai vu
presque tous mes présens languir sur des
chiffonnières, aussi intacts qu'à l'instant
où ils étaient arrivés, pas même l'attention
de les couper.

Divers complimens, presque tous assez
baroques, m'ont paru peu encourageans.
„ Pourquoi écrire l'histoire ? Il n'y a de
„ supportable que les livres d'imagination,
„ dit hautement le vicomte de * *. Le baron
„ de * * * s'écrie : Le superbe papier ! les
„ beaux caractères ! „ Tandis que la marquise de * * *, plus fine, répète avec complaisance : „ Ah, monsieur ! vos Carthagi-
„ nois ne m'ont pas échappé ; je les recon-

„ nais pour ce qu'ils sont; j'y vois certai-
„ nes gens; j'y découvre certaines aven-
„ tures du jour, même de mon quartier;
„ vraiment rien de plus délicieux. „ Le
duc de *** reçoit avec cette apostrophe :
„ Il faut, ma foi, bien du temps de reste
„ pour composer des livres. Si la rage
„ d'écrire l'histoire vous poursuit, entre-
„ prenez celle de mes ancêtres; c'étaient
„ autant de héros. Les positions ont bien
„ changé. „ — Elles seules font donc les
hommes. Adieu.

LETTRE XII.

Savez-vous bien que me voici *fâché tout rouge ?* Comment, monsieur critique les lettres qu'on lui écrit de son mieux ! L'une est trop longue ; celle-ci parle de bagatelles ; cette autre répète des choses cent fois rebattues ; le style est lâche, incorrect, familier, pour ne pas dire trivial. Hé bien, sachez que parmi les vieilles maximes qui me sont chères, se distingue celle d'aimer ses amis malgré leurs défauts. Je vous donne à cet égard un grand exemple, ne me lassant pas de vous écrire, aimant mieux implorer votre indulgence, supporter même vos satires, que d'imposer silence à mon sentiment. Le désir de vous en parler sans cesse marche avant toute autre considération ; j'observerai seulement, pour ma justification, que dans l'entretien de deux amis, une régularité de phrases, une prétention d'esprit non interrompue, seraient très-déplacées. Je ne connais qu'une seule chose à réclamer. Quand par hasard des articles sembleront assez resserrés pour ne pas s'apercevoir sous leurs divers rapports, demandez éclaircissement, il partira sur le champ. Par exemple, vous vous plaignez qu'il n'y ait que deux mots dits sur Versailles ; je vais réparer mon étourderie.

Jusqu'à cette année différentes personnes me menaient à Versailles, pensant me rendre un très-grand service, et comptant sur infiniment de reconnaissance. Dans le fond, nous faisions de part et d'autre de mauvais marchés : je les gênais ; je les ennuyais ; je les excédais : eux m'amusaient peu ; me contrariaient pour les heures de départ ; me jetaient à l'entrée du pont royal. Trouvez bon qu'une observation coupe mon récit. Rien d'aussi difficile que de disposer avec noblesse de sa voiture, du moins si nous jugeons d'après la manière gauche dont le plus grand nombre des habitans de Paris s'en tire. Le pauvre invité est resserré dans un coin ; le maître remue sans cesse, prend ses ébats, tousse, crache, lève les glaces, baisse les stores, gronde le cocher comme s'il se croyait seul. Le

premier établissement formé, l'on daigne
songer que son voisin n'est pas une bûche ;
alors reste le choix entre deux différens
plans de conduite également gracieux.
L'un se réduit à questionner avec brièveté,
avec brusquerie. Le pauvre diable répond,
souffre de voir qu'il n'est point écouté ;
l'embarras croît à chaque instant, car sa
période n'est pas plutôt finie, que nouvelle
demande reparaît également suivie de
distraction chez celui qui la fait. Certes,
rien d'aussi contrariant que deux heures
passées à jouer le rôle d'interrogé, de
discoureur sans auditeur. Dans la seconde
manière, le donneur de places prend le
dé, compte impitoyablement toutes les
historiettes relatives à sa famille, à ses
maîtresses, à ses chevaux, à ses chiens :
absolue nécessité d'écouter attentivement :
pour peu que perça le moindre signe de
distraction, ce serait un manque total
d'égards.

    Les voitures de la cour réunissent liber-
té, commodité, bon marché. Le nom ridicule qui long-temps les entacha n'est plus
d'usage ; ce sont maintenant des berlines,
des chaises. Tout arrivant se place dans

le fond, attend patiemment que la cargai-
son soit complette. L'intérieur du bureau
présente tant d'objets en mouvement,
que l'attente ne paraît pas pénible. Quatre
voyageurs rassemblés servent de signal
pour se mettre en marche. Un quart
d'heure est employé à l'établissement des
paquets, des cartons, des sacs de nuit,
présentant au premier abord des embarras
insurmontables ; mais peu de cahos suffisent pour tout enchasser de manière à
satisfaire les parties intéressées. Commence
bientôt la connaissance ; elle devient intime
au bout de quelques minutes. Je ne prenais
pas d'abord des idées fort relevées de mes
compagnons, mais me voici bien revenu
de pareilles erreurs. Peste! l'on se trouve
souvent loin de compte, en jugeant les
gens d'après leur extérieur. Mon dixième
voyage a eu lieu ce matin. Je suis peut-
être le seul aussi constant ; car, à chaque
course, mes trois associés se trouvaient
pour la première fois de leur vie, dans
semblable carabas : leurs voitures cassées
les y forçaient ; leurs gens, trop fiers,
avaient préféré marcher, à la dure nécessité de grimper comme des singes. Les

ministres, les princes riraient bien de cette
équipée. „ Sandisse ! si mes vassausses
„ savaient qué jé vais souper chez lé roi
„ en pout dé chambre, ils séraient diablé-
„ ment surprisse, Jé né pensais pas dévoir
„ jamaisse si bien mé déguiser. „

Au château, l'ennui, la tristesse, la bassesse, la fausseté, l'orgueil contraint, exprimés sur toutes les physionomies, présentent ce qu'on appelle un coup-d'oeil
majestueux : l'abord paraît vif, mais suivi
de très-courts entretiens. Le courtisan con-
sommé conserve sans cesse présens à l'esprit
deux points également importans : l'accroissement de son crédit, la ruine de celui des
autres. Les journées passent rapidement,
employées à dresser ou à éviter des piéges.
Point de temps perdu en discours toujours
dangereux, parce qu'un seul mot, impru-
demment lâché, détruit souvent le fruit de
vingt années passées dans des travaux pénibles. La dissimulation ne saurait devenir
trop profonde, sans elle aucune position
certaine : ce qu'une politique raisonnée
produit chez tout homme qui réfléchit, est
chez les étourdis un ridicule. Ils se montrent empressés ; ils courent à perte d'ha-

leine, sans nul besoin d'aller. Le chevalier de *** me persuada si fort que ma
démarche lente annonçait un provincial,
qu'à l'instant saisi de la rage des belles
manières, n'ayant ni affaires, ni connaissances, je m'élançai comme un trait, de
l'oeil de boeuf, au fond du sallon d'Her-
cule, et répétai si bien ce bel exercice, que
mes pauvres jambes en sont restées enflées
l'espace de plusieurs jours.

Les têtes organisées pour gouverner
l'état, se reconnaissent à certaine préocu-
pation, à certain regard distrait, à certain
ton mystérieux, signes assurés de génie.
Les audiences des ministres font beaucoup
d'impression sur le sage, résolu d'y jouer
le rôle de spectateur. Cent personnes réunies dans une antichambre attendent en
silence pendant des heures entières, que
paraisse celui dont elles viennent implorer
la protection. A la fin le sanctuaire s'ouvre;
l'on aperçoit ce mortel. . . . . Que dis-je? ce
mortel, c'est un dieu, devant qui s'abaisse
le front le plus superbe. Un regard favorable, un mot de bonté, recherchés avec
empressement, reçus avec reconnaissance,
inspirent à la fois des transports de joie

chez le favorisé, des mouvemens de rage
chez ses voisins. L'objet du culte voyant
ses semblables livrés à cette honteuse dé-
gradation, se croit bientôt d'une essence
supérieure ; répand sans distinction les
grâces ; accepte sans scrupule les éloges
outrés que prodigue la flatterie. Si d'après
une réunion de circonstances bien rares
l'homme élevé ne perd pas de vue que les
hommages dictés par l'intérêt s'adressent
à son rang, nullement à sa personne, il
n'en sera plus ébloui, mais prendra de l'humanité une opinion dangereuse dans les
dépositaires de l'autorité. Ceux d'entr'eux
qui regardent la vertu comme chimérique,
découragent les gens de bien, avancent les
méchans, portent ainsi à leur patrie des
coups terribles.

Désirez-vous être témoin d'un spectacle
plus surprenant, allez chez les premiers
commis ; la patience des militaires semble
tenir du miracle. Qui serait assez habile
pour la peindre fidellement, ne pourrait
convaincre de la vérité de son tableau que
ceux ayant vu eux-mêmes l'objet réel. Sup-
posons un étranger ignorant nos usages,
introduit tout-à-coup chez ***, il se
                              sentirait

sentirait pénétré de vénération ; il croirait
apercevoir le héros sauveur de l'état ; il
rejetterait avec indignation le récit exact
des faits. ,, Celui que vous voyez si fier,
,, si impérieux, ne toucha de sa vie d'autre
,, arme qu'une plume. Ceux au contraire si
,, empressés, si modestes, ont, dans cent
,, occasions, fait trembler les ennemis :
,, plusieurs ont versé leur sang ; presque
,, tous ont risqué leur vie pour venger de
,, légers manques d'égards échappés à des
,, camarades, ou indiscrets, ou étourdis.
,, Aujourd'hui cédant à la dure nécessité,
,, ils contraignent leur caractère. Des hom-
,, mes généreux, que l'honneur seul anime,
,, verraient leurs services oubliés, leurs
,, familles négligées, s'ils ne consentaient
,, pas à avaler mille couleuvres. Ces vieil-
,, lards blanchis dans le métier des armes,
,, couverts de nobles cicatrices, regrettent
,, les momens où ils combattaient : nulle
,, campagne ne leur parut aussi fatigante
,, que deux mois consacrés à des sollicita-
,, tions souvent infructueuses, obtenant
,, tout au plus, pour quarante années de
,, travaux, quelques faibles traitemens que

H

„ mépriserait le valet de chambre de M. le
„ chef de bureau. „

Les jours tristes de l'habitant des cours
ne sauraient se comparer qu'à ceux du
monarque , dont l'existence , toujours
pénible , est trop souvent malheureuse :
les assujettissemens l'entourent ; sans cesse
sur la scène il succombe sous le poids des
monarque ; ses moindres actions sont calculées ; d'importuns témoins, sous prétexte
de respects , l'empêchent de respirer , de
rentrer en lui-même : moins libre que le
dernier de ses sujets , il languit dans un
ennui continuel ; enfin son coeur reste
privé de ce bien précieux , sans lequel
l'humanité ne connaît pas de bonheur ;
l'amitié lui refuse ses douceurs. C'est
surtout contre les rois que Milton pro-
nonça l'irrévocable arrêt : „ *Amongst*
„ *inequals no society* (*).

„ Le désir de dominer est la plus dévo-
„ rante des passions (*), „ parce que sans

(*) *Parmi les inégaux point de société.* Traduction littérale qui défigure une belle pensée richement
exprimée.

(*) *Nisi si cupido dominandi cunctis affectibus
flagrantior est.* (TACITE.)

doute les succès de l'ambition renferment des trésors cachés aux yeux de ceux qui ne les désirent pas. Ces biens que nous ne saurions apprécier font que tant d'hommes préfèrent les déboires versés à grands flots près des princes, aux charmes de la vie tranquille du particulier, assez aisé pour satisfaire des goûts modérés, pour quelquefois même répandre des bienfaits. Répandre des bienfaits! tout coeur honnête tressaille de plaisir à ce seul espoir. La générosité, non la vengeance, mérita d'être regardée comme *le partage des dieux.*

Je laisse à de plus habiles le soin de résoudre une question par laquelle se terminera ma longue épître. ,, Quand les ,, hommes vivent contens d'eux-mêmes, ,, n'éprouvent nuls remords, en un mot ,, s'estiment, conservent-ils autant de ,, goût pour le tumulte, pour les grandeurs? ,, restent-ils tourmentés par des désirs ,, ambitieux, jamais satisfaits? Adieu. ,,

H 2

LETTRE XIII.

Votre erreur, mon cher ami, est bien grande, si vous pensez que l'on recherche les spectacles pour leur valeur réelle. Quelques clercs, quelques commis, quelques écoliers, quelques nourrissons des muses, quelques officiers allant ou revenant de semestre, sont les seuls auditeurs. Le reste de l'assemblée ne daigne pas s'occuper de la pièce jouée. Arriver tard, paraître le même jour dans plusieurs salles, y causer un peu de rumeur, faire grand bruit aux foyers, voilà différens procédés qui distinguent les jeunes agréables : le commun des martyrs approche plus ou moins de cette perfection.

Les habitans de Paris reçoivent très-volontiers dans leurs loges. Je profite des nombreuses invitations de mes connaissances. Le seul inconvénient consiste à se trouver de manière à ne rien voir, et sans la possibilité d'entendre. Une conversation aussi bruyante que continuelle couvre la

voix des acteurs. Les premiers jours je
souffrais, mais suis maintenant infiniment
satisfait. Hier, par exemple, la marquise
de *** me détermina, avec quelque peine,
à l'accompagner aux français. Atrée, qui
se jouait, semblait annoncer de ces situations déchirantes pour les ames sensibles.
Quelle agréable surprise! Je revins parfaitement instruit des ouvrages de mademoiselle Gaussec. Les chapeaux sortis de ses
mains ne sauraient rencontrer d'objets de
comparaison, tant ils sont célestes. Ce
génie, dans son printemps, enrichit depuis
peu Paris de ses ravissantes compositions,
et prétend éclipser celui qui long-temps
soutint l'honneur national aux yeux de
l'Europe. Mademoiselle Bertin cède à sa
fortunée rivale ; mais en conservant de
la dignité, en soutenant héroïquement sa
décadence, souvent elle répète des paroles
heureusement adoptées à sa situation présente : „ Que plus de gens se tournent vers
„ le soleil levant que vers le couchant. „

Je regarde l'opéra comme le rendez-vous
des jolies femmes, des grands seigneurs,
des beaux esprits, enfin comme le lieu où
se réunit la quintessence de notre capitale.

Y mener quelqu'un devient une préve-
nance marquée. Les huitièmes loges sont
recherchées, quoique si éloignées du théâtre, que ceux et celles qui le peuplent
paraissent de vraies poupées. Vendredi
dernier, l'on voulut bien se charger de
moi. La faveur était complette; car nous
nous nous trouvions aux troisièmes, au
dessus de l'amphithéâtre, de plus entre
hommes, conséquemment sans coëffures
élevées. A peine eus-je pris place qu'une
certaine inquiétude s'éleva. L'ouverture
d'Iphigénie en Aulide annonçait des beautés beaucoup trop relevées pour d'aussi
barbares oreilles que les miennes. Mon
heureuse étoile permit que mes voisins se
jetassent dans un cours complet de gour-
mandise, dont certainement je tirai meilleur profit que d'un morceau de musique
de Gluck.

Le bel ouvrage du vertueux bernardin
de Saint-Pierre a tellement fait impression sur toutes les têtes, que les seuls
contrastes sont recherchés. D'après ce principe, les auditeurs de Blaise et Babet
mettent en opposition de profondes recherches sur la nature du gouvernement

monarchique, de pesantes dissertations
sur les hautes sciences.

Votre ami ose se glorifier de manières
rarement connues des provinciaux. Depuis
deux mois entiers il suit assidûment les
trois grands théâtres, sans avoir aperçu
le bout du nez d'un acteur, sans qu'un
seul vers ait frappé son oreille. Ma foi,
s'il ne se sentait pas au comble de la joie,
ce serait humeur : s'il évitait un grain de
vanité, ce serait parfait stoïcisme. Egale-
ment éloigné de ces deux points, il est en
même temps fier et joyeux. Adieu, je
vous embrasse bien tendrement.

LETTRE XIV.

En vous parlant de la galanterie, je pensais, mon cher ami, ne devoir faire mention que des arrangemens auxquels l'égalité préside. Les autres semblent indignes d'exciter les regards, en les considérant du côté moral ; car sous d'autres rapports ils réunissent beaucoup d'avantages.

Le jeune homme, destiné à un rapide avancement, y parviendra plutôt s'il se livre au libertinage, que s'il devient esclave des femmes. Les plaisirs amollissent l'ame qu'ils subjuguent. Celui-là seul exécutera de grandes choses, qui saura satisfaire d'impétueuses passions sans leur obéir. L'amour est un vrai délire, pendant lequel la raison ne se fait entendre que difficilement. Peu de gens d'un caractère amoureux gagnent quarante ans sans se reprocher des fautes considérables. L'un regrette les devoirs de son état négligés, les occasions de fortune manquées ; l'autre gémit d'un

d'un mariage échoué, auquel il eût dû le
bonheur de sa vie. Mille qualités aimables,
mille plaisirs tranquilles dédommagent
des inconvéniens qu'entraînent les sentimens trop exaltés. Si nous voulons former
un particulier intéressant, inspirons-lui le
désir d'aimer; si nous prétendons donner
un sujet distingué, rendons notre élève
très-indifférent.

Les courtisanes du premier ordre restent
la ressource des étrangers : bien au dessus
de celles des provinces, plusieurs joignent
à de l'esprit beaucoup d'éducation, et
rendent leurs maisons fort agréables. Avec
quelque empressement qu'on les recherche, elles ne sont pourtant pas entretenues
avec autant d'éclat que jadis; bien moins
de fortunes renversées pour satisfaire leurs
intarissables, leurs extravagantes fantai-
sies. Manger un million avec une actrice
ne passe plus pour merveilleuse conduite :
aussi les nymphes, soit de l'opéra, soit des
autres spectacles, placées sur le trottoir,
profitent des chutes mémorables de leurs
devancières, et connaissent au moins l'apparence de l'arrangement.

Depuis vingt ans environ, Paris s'est

I

peuplé d'une espèce de femmes bien préférables aux actrices, tant pour la commodité
que pour la décence apparente, mais qui
dans le fait prouvent le dernier rafinement
de corruption. L'on voit accourir, du fond
de la province, des beautés venant flétrir
d'illustres noms, par l'indigne trafic de
leurs charmes : elles sont recherchées,
mettent infiniment moins d'entraves,
d'après la possibilité d'en former sa société
habituelle : permis même, dans des cas
urgens, de les faire dîner avec les femmes
de bonne compagnie. Les maris, pour la
plupart abrutis par un mélange mons-
trueux de fierté, de bassesse, de presomp-
tion, de paresse, de luxe, de misère, se
montrent faciles, moyennant de légères
rétributions. Cinquante louis donnés à
propos procurent un habit neuf pour nar-
guer les paroissiens au prône, fournissent
quelques livres de poudre, payent le caba-
retier, donnent des jupes à la chambrière.
Cependant, sur le nombre de nos gentilshommes campagnards, quelques-uns, privés des biens de leurs ancêtres, ont hérité
dè sentimens élevés. Ceux-ci frémissent
de l'ombre du déshonneur, écoutent un

juste ressentiment, menacent leurs indignes moitiés, coupables de tant d'horreurs.
Des ministres, partisans de la paix, du bon
ordre, mettent entre quatre murailles, ou
bien envoient aux grandes Indes, ces
incommodes jaloux.

Hélas! nos beaux jours ne reviendront
jamais. Le ministère, privé de l'autorité
despotique, languira dans l'impuissance
d'obliger les gens d'un certain rang. Malheureux Bergasse! tu es en partie cause du
bouleversement général; ta maudite rage
de rendre les hommes vertueux et décens
nous égare. Si ton éloquence persiste à
maîtriser les opinions, autant vaudra se
jeter au fond de la rivière que rester dans
le monde. Les maris t'ont perverti; que
savons-nous? peut-être soudoyé. Il eût
fallu te mettre entre les mains des épouses,
l'Europe aurait été témoin d'une punition
exemplaire.

Des dames, au-dessus de la soixantaine,
prennent un soin particulier de la jeunesse,
pour peu qu'elle réunisse complaisance,
figure et santé. Cette tendresse affectueuse
me semble respectable, quoique ses suites
ne répondent pas à ce que l'on devrait

naturellement en attendre. Les vénérables
matrones, qui se dévouent au rôle d'insti-
tutrices, ont beau prodiguer à leurs élèves
une nourriture à la fois abondante, succu-
lente, ils maigrissent journellement, et
souvent s'éteignent à la fleur des ans.
Langues de vipères! vous triomphez de
ces fâcheux contre-temps, mais ne dégoû-
terez pas d'un zèle infatigable, accru par
les années, par les obstacles.

LETTRE XV.

Par une inconséquence généralement reprochée aux Français, nous sommes, mon très-cher ami, pleins de vanité, et nous nous enthousiasmons en même temps pour les usages étrangers. J'ai, trop souvent peut-être, gémi de la faiblesse avec laquelle Paris suit les modes anglaises. Ces fiers insulaires, souriant de notre frivolité, osent se placer au dessus de rivaux, leurs égaux sous tous les rapports : il en est temps encore, forçons-les de nous estimer.

Du moment où la nation a cru devoir déployer ses vertus, les usurpations du despotisme, les exactions du pouvoir arbitraire se sont écroulées. La liberté paraissait depuis long-temps bannie de l'empire des lis, et nos émules pensaient que des ames amollies en avaient perdu l'idée. Non non, la passion de l'honneur, l'horreur de l'esclavage, les droits sacrés de l'homme subsistaient au fond des coeurs : qualités respectables, endormies nullement

I 3

par faiblesse, mais d'après un attachement
sans bornes, pour des souverains idolâtrés.
Nous tremblions de troubler par quelque
orage des jours dont le bonheur devenait
le premier objet de notre ambition. Les
plus grands sacrifices paraissaient légers;
leur poids ne s'est fait sentir qu'au moment
où les citoyens accablés approchaient d'une
entière ruine. Le voile, déchiré par des
mains hardies, a mis sous nos yeux des-
sillés une foule de monstres, engraissés
de rapine, enivrés d'orgueil, sappant les
fondemens du trône sur lequel s'assied
le plus juste, le plus généreux, le meilleur
des monarques. Depuis quinze ans, ses
veilles, ses travaux, consacrés à la félicité
d'un peuple chéri, n'avaient obtenu aucuns
succès. L'intrigue, la cabale arrêtaient les
efforts, renversaient les projets. Le ministère, arraché de mains perverses, se con-
fiait à de plus perfides. Des réputations
usurpées élevaient l'ineptie, l'hypocrisie
sur les ruines de la supériorité, de la probité. Les sujets fidelles, rassemblés à la
voix d'un génie bienfaisant, ont reconquis
leur père, ont embrassé ses genoux, ont
servi ses vrais intérêts.

Une révolution dont l'histoire n'offre point d'exemple, fixe sur la France les yeux de l'Europe entière. L'on admire un prince, à la fois magnanime, éclairé, qui rend à l'humanité ses plus beaux droits, qui établit sa puissance sur des fondemens inébranlables, puisque l'amour des peuples fait la grandeur des rois. Toute autre chimérique peut disparaître, d'un instant à l'autre, sans laisser après elle que de tristes souvenirs.

Cette nation-sensible et bonne déploiera avec profusion autant de reconnaissance que de zèle pour son roi. Des sentimens élevés effaceront ces légers défauts reprochés avec aigreur par nos voisins jaloux. La légéreté, l'indiscrétion disparaîtront, lorsque nous pourrons aspirer à d'autres titres qu'à celui d'aimables : tant le gouvernement possède d'influence sur le caractère national.

L'administration publique va désormais occuper tout bon citoyen. La capitale, les provinces offriront des esprits éclairés, dépouillés d'absurdes préjugés, grâce aux écrivains estimables, travaillant au bien de la patrie. Cet avantage, quoique précieux,

I 4

ne suffit pas, les talens de l'homme d'état devenant dangereux, quand la morale reste négligée. Notre constitution atteindra le plus haut degré de perfection, lorsque la vertu lui servira de base, lorsque chacun des membres, honoré du choix de ses compatriotes, le méritera par une vénération sans bornes pour les lois.

Parmi les nombreux usages qui passent la mer, tous n'entraînent pas des suites égales. Il importe peu que nos jeunes étourdis coupent leurs cheveux, affectent une toilette baroque, marchent sans grâces, montent à cheval ridiculement, estropient le français, afin d'obtenir que quelque marchande de bouquets dise : *oui, milord* ; triomphe d'autant plus futile, que souvent l'intérêt, le persifflage, le dictent. Le philosophe, l'historien, ou pour parler décemment, le pédant mourant de faim, fou du bien public, doit mépriser de semblables bagatelles, mais rechercher, étudier quels établissemens ont été assez importans pour influer sur les mœurs, pour contribuer à l'étonnante crise. Les clubs, les sallons seront sans doute distingués.

Les hommes vivant entre eux acquièrent

beaucoup de lumières, prennent de l'énergie, sentent leurs propres forces, dépouil-
lent tout préjugé d'opinion, évaluent chaque chose d'après sa valeur, deviennent
difficiles à gouverner, n'écoutent que la
raison, que l'équité. Ces nombreux avantages se trouvent compensés par plusieurs
inconvéniens que votre ami reconnaît avoir
lui-même regardés comme très-fâcheux. La
galanterie, la politesse, l'amabilité sont
négligées; peut-être même la sensibilité
souffre-t-elle quelque atteinte. Cessons
d'en gémir, puisque ce n'est point à plaire,
mais à commander, que la nature destine
le sexe qui reçut en partage force et courage. Séduire la beauté, chérir le repos,
fuir le travail, languir dans les bras de
la volupté : tels sont les fruits d'institutions
vicieuses, célébrées par des êtres dégradés.

Au dessus de vingt-cinq ans, les petits soins,
les petits caquets assomment, se supportent
tout-au-plus en faveur de la femme qui nous
intéresse. Les soupers ne réunissent jamais
que les amans des dames assistantes, un
ou deux complaisans, de plus, quelques
ennuyeux, trop médiocres pour soutenir
un entretien sérieux, par conséquent très-

propres au jargon des cercles, où le caille-
tage brille cent fois plus que l'esprit. C'est
dans la dernière classe que me range ma
qualité de provincial. Ah, mon cher ami!
quelle puérile gravité! quelle importance
pour des babioles! quelle crasse ignorance
distinguent les gens connus sous la déno-
mination, „ *au niveau de tout le monde!* „

Les Parisiennes, pour se sauver de
l'abandon général, forment une intrigue.
Celles sans célébrité sont forcées de se jeter
à la tête. Les plus délaissées prétendent
cacher l'ennui qui les consume, affectent
une gaîté fatigante par son peu de naturel.
La femme, sur le retour, ne joue quelque
rôle dans le monde, qu'autant qu'elle
devient homme : parti violent, entraînant
bien des inconvéniens, d'absolue nécessité,
à moins de savoir se suffire à soi-même.
Il faut opter: d'un côté, le repos, la paix,
mais la triste uniformité; de l'autre, le
mouvement, le plaisir, mais la déchirante
calomnie. Adieu, mon ami.

LETTRE XVI.

Vous m'avez souvent félicité, mon cher ami, des heureuses circonstances auxquelles j'ai dû d'habiter agréablement Paris. Un assez gros porte-feuille rempli de pressantes recommandations paraissait le sûr garant d'infiniment d'intérêt, de prévenances. Je partageais, à cet égard, votre confiance dont il faut beaucoup rabattre. Les lettres, très-respectueusement présentées, se décachettent pour la forme, se parcourent rapidement, sont supposées d'avance ne contenir que des phrases oiseuses, satisfaisant la crédulité du porteur. Règle certaine! la réception est en raison inverse de l'opulence de celui chez qui vous allez.

L'habitant des campagnes croit ne jamais prodiguer assez d'attention à son hôte qui dispose de la maison, qui voit ses moindres désirs prévenus, qui souffre par fois de politesses, peut-être un peu fatigantes,

mais fort touchantes. Les citoyens des
petites villes conservent en partie cette
générosité : plusieurs d'entre eux vou-
draient offrir de l'*or potable*. A mesure que
les cités croissent, l'indifférence, l'égoïsme,
l'intérêt étouffent la générosité.Pour découvrir ses faibles traces dans la capitale ,
gardez-vous d'approcher les palais somptueux. Le grand seigneur compte, parmi
les faveurs que dans le cours de sa vie
il a bien voulu prodiguer, quelques visites
faites à des provinciaux distingués. Ceux-ci
se jettent dans des frais , dans des inquiétudes très-souvent suivies d'un mois d'embarras, de gêne , et restent chargés de reconnaissance , pour peu qu'un sourire d'approbation leur ait été adressé.

Mon père, ancien militaire, généreux
et loyal , épie les occasions d'exercer
l'hospitalité, de verser son vin à grands
flots dans le gosier de messieurs, fort polis,
fort aimables tant qu'ils restent chez lui ,
mais qui l'oublient parfaitement, ainsi que
toute sa race, dès l'instant où ils ont passé
le seuil de la porte. Il a la bonhomie de
penser que tous les gens , reçus avec
autant d'empressement que de plaisir ,

deviennent des protecteurs zélés. Aussi,
chaque fois que je me mets en route pour
la capitale, mon principal présent d'adieu
est une liste détaillée d'excellentes connaissances que je vais chercher, afin d'éviter
des reproches. Presque toutes les portes
sont fermées ; quelques-unes, d'un accès
plus facile, permettent d'approcher le soi-
disant protecteur. Un valet-de-chambre
vous arrête au premier sallon, attendu
que monsieur, dans son cabinet, se livre
à de sérieuses occupations. Cette formule
indispensable étant remplie, l'on est introduit dans le cabinet de l'important personnage qui quitte son bureau, fait deux pas
en avant, reçoit de l'air le plus glacial.
La crainte d'être tourmenté par quelque
demande, le fait parler très-vite, de manière
à ne pas vous donner le temps de placer
autre chose que des monosyllabes. La
conversation se réduit à des questions très-
intéressantes, telles que : Comment se
porte M. votre père ? Habite-t-il toujours
la même ville ? Resterez-vous long-temps
dans ce pays-ci ? Ce dialogue se tient
debout : quoique très-court, il laisse le
temps de dire à part soi. ,, Je suis

„ un grand sot de faire des frais de tout
„ genre, pour venir essuyer en pure perte
„ des hauteurs; c'est venir se faire protéger
„ à propos de botte, car si j'avais besoin
„ d'une grâce quelconque, jamais cet
„ homme n'aurait la force de dire un mot
„ favorable, ni d'exécuter une démarche
„ obligeante. „

Même traitement se retrouve chez tous
ces messieurs. Un d'entre eux s'est distingué d'une manière si saillante, que le
devoir m'ordonne d'en faire mention
particulière.

Le comte *** me presse de choisir un
jour de la semaine pour dîner chez lui;
me voyant incertain, il fixe au surlende-
main. J'arrive à trois heures, trouve la
maîtresse de la maison, qui n'étant pas
prévenue, et qui, la plus fière que j'aie
vue de ma vie, dit du bout des lèvres:
„ Asseyez-vous, monsieur, „ et continue
son ouvrage sans sonner mot. Mon
amphitrion paraît, une grosse demi-heure
après, fait comme un diable, criant à la
faim, ne songeant nullement à me présenter. Le maître d'hôtel, pas mieux averti
que la dame, nous sert précisément le

nécessaire pour n'avoir pas d'indigestion.
Les détails de famille, les rapports de
société produisent des entretiens si bien
suivis, qu'impossibilité que j'y place un
seul monosyllabe. Par forme de procédé,
l'on m'offre d'un plat, après quoi liberté
complette de me tirer d'affaire comme je
l'entendrai. Je passe sous silence les détails
de vilenies de notre frugal repas. Bref, la
maussaderie des hôtes ne laissa rien à
désirer pour compléter la fête.

Dès que le comte eut avalé son café,
il s'échappa, et me laissa avec sa gracieuse
moitié, entièrement maître du champ
de bataille. Elle ne rompit pas le silence,
bâilla trois fois, ce qui me parut la preuve
certaine de l'effet que je produisais, et fut
le signal de mon départ. La marquise,
amie de la dame, arriva comme je sortais;
j'entendis le récit qu'on lui fit de la corvée
affreuse que l'on venait de supporter.
Ah, mon coeur! (*) je suis anéantie,

(*) Les grandes dames, surtout celles à la mode,
ont pris l'habitude de se tutoyer habituellement. Leur
commerce est si facile, la connaissance si prompte,
qu'à la troisième fois que l'on se rencontre, on s'appelle,
ma petite, mon enfant.

„ fatiguée à n'en pouvoir plus : imagine-toi
„ que M. P.*** avait à dîner le fils d'une
„ de ses connaissances de province; voilà
„ pourtant le fruit le plus intéressant de
„ ses voyages. Il faut, de toute nécessité,
„ se montrer complaisante ; nul autre
„ moyen de contenter ces bonnes gens
„ que tu conçois bien être aussi comblés
„ que flattés de recevoir de nous des
„ politesses. „

Sans cinq ou six visites en blanc , qui
aurait pu prévoir l'accroissement d'une
liaison commencée sous de si favorables
auspices. Telle a été avec vérité, et sans
aucune exagération, la conduite de celui
dans lequel j'ai rencontré une reconnaissance assez rare , pour mériter qu'on
l'appelle le phénix des hommes de la cour.
Adieu, mon ami.

LETTRE XVII.

LETTRE XVII.

Notre siècle, mon ami, placé si souvent au dessous de celui de Louis XIV, se glorifie d'un homme réunissant assez de titres pour fonder dix grandes réputations. Ce génie universel acquiert chaque jour plus de renommée, en dépit des zoïles qui, tant que la France le posséda, crièrent sans cesse. „ La postérité négligera „ cet auteur, bel esprit, dont le principal „ mérite consiste dans une mode passa- „ gère „ : ses ouvrages forment une bibliothèque pour le moins aussi instructive qu'agréable. Point de genre négligé. Quiconque lit avec attention le plus beau des recueils, y rencontre, à chaque pas, de nouveaux sujets d'étonnement. L'homme aimable, le poëte, l'historien, le philosophe, le citoyen vertueux et sensible, paraissent tour-à-tour avec éclat. L'éloquence, la clarté, les profondes recherches, surtout le goût parfait, embellissent les

K

oeuvres de Voltaire. Je le crus long-temps uniquement fait pour plaire ; mais une nouvelle étude vient de m'apprendre que son style enchanteur couvre souvent de fleurs une vaste érudition. Admirateur zélé du Tasse, il se rappelait, en traitant des sujets sérieux, en discutant des questions épineuses, le vase dont les bords emmiélés séduisent l'enfant. Heureuse illusion ! qui porte dans ses veines un remède salutaire dont l'amertume l'eût effrayé.

Que de respect, que de reconnaissance mérite la mémoire de ce grand homme ! Par une infatigable activité qui se portait sur tous les objets, nous devons à ses soins de voir Paris embelli de superbes monumens substitués à ces prétendues salles de spectacles, si peu dignes de la capitale d'un grand empire.

Le théâtre français, occupant le plus noble des édifices, s'appuie vainement sur les anciens chefs-d'oeuvres dramatiques ; sa décadence n'en paraît pas moins très-marquée : peu d'excellens acteurs. La seule poësie rabotteuse de Crébillon convient aux uns, au plus grand nombre

des tragiques, presque tous les comiques,
ne savent prendre que le ton des compositions modernes : tout au plus saisir la gaîté
de d'Ancour. Ces sublimes tirades de
Racine, ces inimitables scènes de Molière,
se rendent en général avec trop peu de
naturel pour conserver toutes leurs beautés. Les spectacles de province prétendent
réunir divers genres opposés, et par-là
étouffent des talens naissans. Plusieurs
princes étrangers attirent les sujets un peu
distingués ; dès lors ils restent exclus de
la perfection ; elle ne s'acquiert que d'après
les leçons d'un parterre éclairé, également
instruit des convenances théatrales et des
finesses de la langue.

La seule ressource, pour réveiller la
curiosité publique, se trouve dans le grand
nombre de pièces nouvelles, la plupart
détestables. Les tragédies sans force, sans
caractères, sans intérêt, sont hérissées de
pesantes maximes de morale, rebattues
depuis des siècles, et rendues encore plus
fastidieuses par des vers privés d'harmo-
nie. Quelques costumes extraordinaires,
quelques situations invraisemblables produisent des prétendus coups de théâtre,

substitués aux catastrophes, à la fois terribles, attachantes, qui laissaient dans
l'ame de si profondes, de si tristes, de si
douces impressions.

Les comédies consistent dans de longues
conversations précieuses, maniérées, nullement liées entre elles : assez souvent des
intrigues embarrassées lassent les esprits
les plus pénétrans. Le spectateur ne saurait
démêler les détours d'un labyrinthe, au
milieu duquel l'auteur lui-même se reconnaît à peine. Deux jeunes écrivains jouissent de succès brillans, assurément très-
mérités : leurs estimables productions manquent cependant de gaîté, surtout de cette
énergie comique, recommandée par les
grands maîtres. Les drames, peut-être trop
critiqués, tombent dans le mépris. Parmi
ces compositions mixtes, que tant de juges
sévères appellent monstrueuses, se rencontrent des détails attendrissans, parlant
au cœur, et faisant chérir la vertu.

L'opéra est placé au nombre des établissemens qui signalèrent la fastueuse magnificence de ce prince qui sacrifia tout au
désir d'acquérir une gloire personnelle,
que plus d'élévation d'ame lui eût inspiré

de chercher dans le bonheur de la France,
nullement dans son oppression. Ce spectacle, qui dans l'Europe entière ne trouve
aucun objet de comparaison, mérite de fixer
l'attention du gouvernement, formant un
objet de politique, par la foule d'étrangers
qu'il attire et qu'il retient à Paris. Les
chefs-d'oeuvres lyriques, trop connus, ne
sont plus recherchés ; de sorte que, quoi.
que les pièces nouvelles entraînent sur ce
théâtre des frais immenses, nécessité absolue d'y recourir. Leur faiblesse augmente
chaque jour. Le moment est arrivé d'appliquer ce jugement rendu autrefois par
une injuste sévérité, que les opéra

„ Etaient des lieux communs de morale lubrique ,
„ Que Lully réchauffa des sons de sa musique.

(*BOILEAU.*)

Les décorations dessinées avec goût,
manquent au moment de leur exécution,
par de mesquines épargnes , suite ou de
l'économie mal-entendue d'un administra-
teur sans intelligence, ou de la mauvaise
foi d'un subalterne.

La danse parait portée à ce degré de perfection , que tous les efforts de l'art ne sauraient surpasser. Vestris, enorgueillissez-

vous d'un fils autant au dessus de son père, que vous-même sembliez au dessus de vos rivaux.

Malgré ses nombreux défauts, malgré les reproches amers de la Bruyère, de Rousseau, l'opéra seul plaît à tous les âges, ne lasse jamais. Les vieillards y viennent encore avec empressement. Leurs sens flétris sont délicieusement émus par cette continuité de tableaux voluptueux qu'animent les beaux arts réunis, et dont se sentent embrasés les coeurs jeunes et sensibles.

La comédie italienne présente des acteurs agréables, exécutant de très-jolies bagatelles, entremélées de petites pièces d'une faiblesse.... Ah! l'on abuse de la permission accordée par Figaro de chanter ce que l'on trouve trop mauvais pour être dit.

Ce spectacle, qu'ébranlera la révolution du moment, fit long-temps les délices d'hommes appelés les enfans de l'Europe. L'oeil n'aperçoit que des colifichets. Une salle, jolie petite tabatière, retentit de sons doux, présente des miniatures délicatement traitées. Auteurs, acteurs, décorateurs, sacrifient aux grâces légères. L'homme, un peu grave, se croit transporté dans un de ces palais, enfans de l'imagination, desquels n'approchait jamais la saine raison.

Un désordre, dernier période de mauvais goût, confond quelquefois tous les genres. Des farces grossières déshonorent le théâtre français ; des lanternes, des magots contrastent avec la pompe du grand opéra ; des meurtres ensanglantent le charmant réduit destiné aux naïves et champêtres amours de Blaise et de Babet. Adieu, mon cher ami.

LETTRE XVIII.

Vous prétendez, mon ami, que je n'ai pas donné assez d'éclaircissemens sur ces hommes privilégiés de la nature, dont les talens sont le plus bel ornement de la France. La retenue, à cet égard, vient du désir de bien connaître un objet aussi intéressant avant d'oser en parler.

La république des lettres ne conserve aucune trace d'égalité. Ses membres composent différentes classes, que l'inquiète jalousie tient très-éloignées les unes des autres.

Nos érudits, ensevelis au milieu des livres, connaissent parfaitement les usages antiques, tandis que leur imagination se crée de ceux du moment de singulières idées. Leur accueil, leur politesse, paraissent tenir de l'originalité; mais presque toujours ils joignent à de grandes connaissances, de la bonté, de l'honnêteté, par conséquent intéressent et attachent.

Les

Les auteurs connus par des productions estimées sont reçus dans la société avec assez d'empressement ; mais lorsqu'ils n'y apportent que leurs talens, l'espèce de réserve observée vis-à-vis d'eux les empêche de jouer le rôle distingué qui naturellement leur appartient. Un temps très-précieux se consume en devoirs minutieux, fatigans, et très-peu amusans. Quelques-uns d'entre eux, éblouis par le ton léger et frivole, abandonnent, pour le saisir, celui du bon esprit. — Vrai triomphe des gens du monde ; car du moment où l'homme de lettres consent à s'engager dans une carrière où l'habitude donne tant d'avantages, il perd sa supériorité ; il atteint tout au plus un agréable du second ordre ; il prend des leçons de qui ne serait souvent pas digne de devenir son disciple.

Plusieurs de nos écrivains, secondés d'heureuses circonstances, se sont formés parmi ce que Paris offre de plus poli, de plus brillant : leurs succès sont les mêmes comme littérateurs, comme aimables. M. le chevalier de Florian jouit de ce double avantage : ses écrits dictés par les Grâces, recherchés par les Belles, vantés par les

L

gens de goût, lui attirent des partisans qui,
du moment où ils le connaissent, ambi
tionnent d'être placés au rang de ses amis.

Vous vous informez si j'ai vu cet homme
célèbre, si connu par ses talens, si redouté
par tout esprit médiocre ; vous paraissez
mécontent de ne pas entendre parler de
celui dont les ouvrages sans cesse relus,
nous ont procuré tant de momens agréables ; vous me rappelez ces mouvemens
d'enthousiasme dans lesquels nous nous
écrions : „ Il ne saurait mériter les repro.
„ ches nombreux qui lui sont adressés ;
„ l'envie, la vanité blessées les dictent. „
Hé bien, mon ami, redoublez vos sentimens
d'estime; je crois connaître assez M. Palissot
pour dire qu'il est tel que nous l'avons jugé.
Mon seul titre près de lui consistait dans ce
sentiment de confiance qu'inspire la supériorité. Je suis venu demander des conseils,
des leçons, et ne saurais jamais assez reconnaître la plus aimable des réceptions. Une
belle figure, une politesse aisée, un maintien noble, une éloquence entraînante,
qualités bien rares, se réunissent pour
offrir un être séduisant, intéressant. Loin
de prétendre comme tant d'obscurs litté-

rateurs, éclipser qui l'approche, son imagination sait se plier à tous les tons. Quand il déploie ses moyens, l'on reconnaît facilement l'Aristarque courageux, bravant d'implacables ennemis.

Quiconque est assez lâche pour trahir la vérité, ne peut offrir que de basses flatteries, rejetées par l'homme digne de grands éloges. Osons donc reconnaître les erreurs de M. Palissot; gémissons de ce qu'emporté par sa passion pour les beaux arts, il a quelquefois attaqué avec trop d'amertume, avec trop de prévention. Le prosateur s'est souvent empressé de réparer les coups portés par le poëte, mais malheureusement une justice tardive n'efface pas l'amertume du trait lancé par une main habile; il faut l'ame de Rousseau pour sourire à la vue de ses propres faiblesses.

Le bon goût dépérissant chaque jour prescrit à ses défenseurs l'union, la concorde. Que le respectable philosophe, auteur de Bélisaire, digne ami de Voltaire, oubliant d'anciens débats, se joigne au chantre de la Dunciade, le public s'écriera :

„ Ah! si le sort jaloux
„ Nous conserve trois guerriers tels que vous,

L 2

„ les beaux jours de Louis XIV peu-
„ vent renaître encore; songez que vos
„ haines font triompher la médiocrité :
„ Rome devint esclave, du moment où ses
„ citoyens combattirent entre eux. „ Quelqu'infructueux que puissent rester mes
voeux pour la paix, nos descendans n'en
seront pas moins surpris de parcourir les
listes nombreuses de nos académies, sans
y rencontrer un nom illustré par tant d'excellentes productions; peut-être alors répé-
teront-ils le mot à jamais consacré : „ Bru-
„ tus et Cassius brillaient au dessus de
„ tous, par cela même que l'on ne voyait
„ pas leurs images. „

Sans la crainte que le talent ne repondît
pas au zèle qui m'anime, j'entreprendrais
de prouver que malgré la diminution de nos
richesses nous possédons encore plusieurs
auteurs distingués; je parlerais de poëtes
agréables, de litterateurs du premier rang,
de philosophes aussi sages qu'éclairés; je
célébrerais cet historien, génie vaste et hardi, ce Thomas Rainal qui depuis la mort
de Voltaire ,

„ Héros intrépide, (*)

„ Console les mortels de l'absence d'Alcide. „

(* RACINE.)

Mon coeur céderait au désir pressant de vanter ce sexe aimable qui seul rend notre bonheur parfait : mais quelle supériorité ne faut-il pas, pour présenter un hommage digne de mesdames de Stalle, de Sillery, de Verdier, et de tant d'autres dont les noms font naître l'intérêt et l'admiration !

Vous qui lisez dans mon coeur, vous savez, bon ami, que ni l'intérêt, ni la vanité ne m'ont inspiré la passion d'écrire : la tendresse, la reconnaissance furent mes seuls mobiles. Je voudrais élever un monument à la mémoire de ce vieillard à qui vous fûtes si cher, et qui depuis vous a souvent fait verser des larmes, que j'ai trouvé bien doux de voir confondre avec les miennes. Trop heureux Tacite, génie sublime, si j'admire sans cesse tes ouvrages ; si j'ose, après les avoir lus, reparaître aux yeux du public ; si ma main téméraire ne craint pas de toucher encore une fois le noble pinceau de l'histoire, ce ne sera pas pour marcher sur tes traces, lorsque déployant ton génie, tu peins d'un seul trait le caractère dégradé des courtisans de Claude et de Néron ; ou lorsque, pénétrant les plus secrets replis du coeur

L 3

humain, ne te laissant jamais éblouir par les
apparences, tu découvres le vrai motif de
la conduite de tous ceux dont tu parles.
J'envie tes talens; je les payerais au prix
de mon sang, quand ils louent si noble-
ment Agricola. Que d'avantages réunis!
ton beau-père était un grand homme; ton
style mâle, ta sage philosophie, admirés
dans Rome, assuraient le succès de tes
entreprises. L'esprit, l'amitié t'avaient déjà
couronné par les mains de Pline, tandis
qu'inconnu je prétends donner de l'éclat
au nom d'un simple particulier (*). La
douceur, la complaisance, l'amabilité, la
sensibilité, les vertus sociales portées au
suprême degré, font naître l'attachement,
méritent l'estime, pénètrent de respect;
douces impressions qui ne s'étendent pas
au-delà d'un cercle très-étroit. La postérité
les voit sans intérêt: n'importe, mes veilles
seront consacrées à l'étude; je tenterai
d'acquérir par de nouveaux essais quelque
réputation, et terminerai ma carrière en
satisfaisant mon coeur. Adieu.

(*) J. F. de Venant, marquis Divergni, né à Arras
en 1711, mort à Usez-en-Languedoc, au mois d'août
1785.

LETTRE XIX.

JE ne retrouve plus en vous, mon cher ami, ce caractère confiant, cette simplicité, attributs de belles ames, qui captivaient tous les coeurs. Comment! vous refusez d'ajouter foi à la modération des femmes? Rien de plus vrai, cependant, que plusieurs se montrent sages, quelques-unes constantes. A ces dernières appartiennent les éloges; la vertu qu'elles pratiquent, étant de beaucoup plus difficile que toutes les autres, parce que le généreux orgueil de faire son devoir n'en adoucit pas les privations,

Dut-on m'accuser d'une crédulité gothique, la vérité se rencontrera dans cet écrit, même aux dépens de la vraisemblance. J'ose donc avancer qu'il existe une foule d'engagemens dé près de six mois. J'en connais, et par parenthèse je pense ne pouvoir jamais rendre la chose assez publique; j'en connais donc dattant

L 4

de trois années ; mais aussi il faut avouer que bien des femmes changent avec trop de rapidité, pour conserver le souvenir de tous leurs amans ; si bien que, dans ces épanchemens arrachés par un caprice du jour, elles commettent de plaisantes fautes, soit d'oubli, soit d'arrangement d'époque. Ces volages beautés peuvent par fois mériter des reproches : mais soyons justes, et nous priserons leur extrême douceur. Elles font des heureux au premier mot ; elles quittent, elles sont quittées sans le moindre bruit. Des effets aussi agréables, aussi commodes, circulant avec rapidité dans la société, se voient très-souvent recherchés.

L'infidélité n'est point commune. Nul besoin de tromper un homme que l'on abandonne, sans inconvénient, du moment où il ennuie. Le brutal, assez dépourvu de sentimens pour causer quelque scandale, serait généralement blâmé, de plus, irrévocablement banni de chez les gens du bel air. D'ailleurs, l'étroite réserve imposée par les provinciaux n'approche pas de la capitale : des faveurs, simples marques de préférence, s'accordent sans blesser la délicatesse. Qui portait les lèvres sur la main que j'idolâtrais m'offensait. Mais la vicomtesse de * * a su dissiper de si ridicules ombrages. Belle, aimable, inspirant des passions, elle chérit toujours un mortel; à lui seul appartient le prix de l'amour. Les autres admirateurs sollicitent des bontés moins décisives ; presque tous obtiennent cette naïve réponse : „ hélas! très- „ volontiers. „

D'amans devenir amis n'est point au rang des événemens très-rares; sur mille liaisons, je parierais en rencontrer une qui se terminerait ainsi. Dans cette recherche il importerait fort de ne pas être séduit par les chaînes de l'habitude : chaînes si difficiles à rompre, sous le poids desquelles vivent tant d'êtres des deux sexes. Depuis plus de trente ans, le maréchal * * * passe tous les momens dont il peut disposer avec la comtesse * * *. On les rencontre dans la même loge; on les voit promener, dîner, souper près l'un de l'autre; le public vante une union rendue respectable par le temps, tandis que les personnes admises dans l'intimité savent que ces deux prétendus amis ne s'aiment ni se s'estiment, mais mourraient d'ennui s'ils étaient séparés. Les qualités, comme les défauts de ceux à qui nous nous attachons, deviennent à la longue nécessaires à notre existence.

Les scènes de jalousie auxquelles tant de dames provinciales doivent d'éloigner leurs époux, de devenir le plastron des épigrammes de tout esprit malin, de se rendre ridicules, insupportables aux gens sensés, ces scènes ne paraissent jamais à Paris. Rien d'aussi commun qu'un homme qui réunit chez lui sa femme et sa maîtresse. On ne remarque entre elles que quelques légères déférences rendues par la dernière; de sorte que, dans une maison conduite avec décence, monsieur et madame sont fort heureux. Tous deux joignent aux plaisirs de l'amour la jouissance d'attentions délicates, renaissantes chaque jour. L'amant comble le mari, l'amante la femme; les soins se portent au dernier période. La baronne*** tombe sérieusement malade : aussitôt la marquise***, attachée depuis long-temps au baron, ferme sa maison, fait prévenir ses connaissances de ne pas venir dîner chez elle tant que le danger durera. Les inquiétudes générales sont partagées entre ces deux femmes. „ La baronne ne peut échap- „ per ; cette pauvre marquise se conduit „ comme un ange. Réellement , rien de „ plus admirable. „ Le singulier est que je fus au moment de trouver déplacée une chose dont l'oubli serait impardonnable.

Il existe des associations assez commu- nes , quoique bizarres. Les deux parties se permettent des distractions, mais conser- vent une confiance mutuelle, un sentiment de préférence. Point de goûts qu'ils ne se sacrifient, à la vérité, pour en prendre de nouveaux sur l'heure. Le jeune amant , brûlant d'une passion qu'il croit partagée, ne parviendrait pas à renverser l'ancien ami. Ce dernier pousse ses droits aussi loin que bon lui semble , reste toujours maître du champ de bataille , et sourit des efforts infructueux tentés pour sa ruine.

Un sexagénaire , parvenant à posséder une jolie maîtresse , prodigue les préve- nances; de colère devient doux ; d'avare généreux ; consent à ce qu'un jeune homme partage son bonheur. Ce sacri- fice, toujours payé de reconnaissance, est

parfaitement calculé ; il laisse à l'habile
vieillard le crédit nécessaire pour fixer le
choix à son gré, pour arrêter mille fausses
démarches. Les vieilles femmes, affection-
nées à la jeunesse, rejettent avec fureur
pareille condescendance. Le vrai motif de
procédés si différens paraît-il difficile à
découvrir? Adieu; je vous embrasse.

LETTRE XX.

CRIERA-T-ON toujours après les pas-sions? tentera-t-on d'étouffer la plus effré-née? prétendra-t-on, sous de faibles pré-textes, bannir le jeu de tout état bien policé? La ruine des familles, le déshon-neur d'êtres qui se dégradent, l'insensibi-lité, l'égoïsme, l'insatiable avidité, parais-sent les seuls petits inconvéniens attachés à la profession de joueur. Ces prétendus maux ne sauraient entrer en compensation avec de solides avantages sur lesquels je veux, mon ami, arrêter un instant votre attention.

C'est au jeu que vous devez attribuer cette activité nécessaire pour sauver la société d'une tuante monotonie : puissant ressort qui meut différentes branches éga-lement importantes; il rend les femmes faciles ; il perfectionne le plus agréable des talens, l'adresse ; il produit le véri-table esprit de calcul, puisque d'une seule intermittence bien étudiée, résulte cent fois plus d'avantages que de vingt pages remplies de tristes *** Enfin, il parvient quelquefois à former de grands philosophes, terminant leur cours pratique, soit dans la Seine, soit un pistolet à la main.

Les fripons, autrefois si redoutés, si méprisés, n'existent plus; la race en reste à jamais éteinte. Des *grecs* ont pris leur place, se rencontrent dans la meilleure compagnie. Loin de se voir maltraités, ils éprouvent un accueil favorable, parce que l'attention nécessaire pour éluder leurs tentatives, produit certain piquant préférable à tout.

Le jeu de commerce ne tient, comme de raison, que le second rang. A celui de hasard appartiennent les grands effets politiques et moraux, tandis que son compagnon influe sur les détails, pour ainsi dire, domestiques. Nous pourrions rapporter mille excellens effets de ce dernier; mais il faut ménager votre attention pour un seul.

La plus exacte uniformité enveloppe tous les individus de la société, tellement que le sot marche l'égal de l'homme d'esprit, très-souvent le surpasse. Un bon partenaire de Wisck peut, à toute force ne pas être fort agréable discoureur ; cependant il obtient et mérite la préférence sur le bel esprit inutile, qui, pour tout avantage, sait bien pérorer.

Mon enthousiasme pour le jeu, fermentant sans cesse, a produit un plan d'éducation que je compte sous peu de temps offrir au public. Sa sagesse, sa simplicité, sa facilité captiveront, j'espère, les suffrages. Les cartes seront substituées à l'étude des langues ; le trictrac remplacera les mathématiques ; le billard tiendra lieu de physique ; la charmante galoche (*) dédommagera amplement des talens agréables. Bon loto, ne crains pas de rester dans l'oubli ; véritable source d'une pesante et solide raison, c'est parmi tes plus zélés partisans que nous chercherons nos magistrats, nos administrateurs. Le quinze, grâce à ses ruses, deviendra l'école des ambassadeurs ; la triomphe formera les militaires. Adieu.

(*) J'ai conçu un véritable respect pour cette galoche, depuis que, par un exemple de fortune très-rare, mais non pas unique, je l'ai vue tout-à-coup passer des mains des savoyards dans celles des grands seigneurs. Un d'eux y perdit, sous mes yeux, quarante mille livres dans un jour.

LETTRE XXI.

Dans ma jeunesse, cher ami, j'avais pris des grands seigneurs une idée extrêmement relevée ; je mettais leurs qualités en pro- portion des hommages qu'ils recevaient ; je croyais que la dignité du maintien était inspirée par des sentimens distingués ; je supposais les faiblesses des particuliers entièrement inconnues d'hommes nés pour servir de modèles ; enfin, je respectais une chimère créée par mon imagination séduite. Il m'est arrivé comme aux femmes exaltées par les romans. Elles ont la tête remplie d'un être réunissant toutes les perfections ; elles pensent d'abord le rencontrer à chaque pas ; elles font mille expériences malheureuses ; elles passent ensuite de l'extrême confiance au sentiment contraire ; elles regardent comme impossible de trouver un objet digne de la moindre estime. Ce dernier excès, assurément très-blâmable, serait devenu le mien sans un effort de raison.

Cruellement

Cruellement déçu, dans plusieurs rencontres, le mot du grand Condé, „ Que nul
„ n'est héros pour son valet-de-chambre „
me paraissait trop doux. Maintenant je
l'adopte ; et renonçant à l'aveugle admiration, j'ai soin seulement d'éviter la
haine.

Les tracasseries intérieures sont aussi
fréquentes, également futiles, encore plus
aigres chez le prince que chez le bourgeois
son voisin. La retenue, observée devant
les étrangers, augmente l'explosion, quand
on se retrouve avec la seule famille, ou
tout au plus ses affidés. Les rapports des
valets, leurs disputes, leurs amourettes,
deviennent autant de sujets de conversation. Plus de commères, plus de caillettes
habitent sous les lambris dorés, que dans
l'humble réduit où le bon sens a la faiblesse
de s'estimer moins que l'orgueil décoré du
titre de grandeur.

De prétendus raccommodemens succé-
dent aux nombreuses querelles. Ces dernières ont seules des suites réelles, parce
que la haine fait ressentir ses effets, tandis
que la politesse étouffe et remplace toute
cordialité. Les égards deviennent le plus

M

haut point de perfection, lorsque l'estime, l'attachement demeurent presque généralement bannis. Une femme à la pension !— quoi de plus répugnant ! quoi de plus destructif de l'union sans laquelle point d'heureux époux ! quoi de plus contraire à la générosité ! quoi de plus propre à faire naître l'oubli des devoirs ! Cependant cet abus subsiste sans que personne le blâme; l'usage le consacre : bien plus, la vanité perçant dans les moindres circonstances, s'est emparée de celle-ci comme d'une espèce de distinction réservée aux dames du haut parage, par conséquent désirée, sollicitée par toutes les autres. L'on souffre en voyant deux êtres dont l'existence devrait se confondre sous tous les rapports, mettre au jour des intérêts distincts. Celle que la nature destinait aux soins domestiques, vocation confirmée par la société qui ne lui laisse entrevoir aucun objet d'ambition, devient étrangère à ce qui l'entoure, s'inquiète peu si l'ordre règne près d'elle, rit souvent de malheurs sans nulle conséquence : tant que les quartiers sont exactement payés, ils restent fixés d'une manière irrévocable. De pressans besoins n'arracheraient pas un écu. Que de fois mon front a rougi des refus durs et déplacés, faits par des hommes puissamment riches! Ces grandes dames s'humilient vainement pour arracher quelques bagatelles, qu'un seul regard de nos compagnes obtient soudain. Une si méprisable économie rend les dettes nécessaires. Les chiffons suffisent pour écraser. Des marchands empressés d'offrir tout crédit deviennent ruineux, parce que du moment où le mémoire acquiert de l'importance, la débitrice se trouve forcée d'accepter les marchandises défectueuses, et de les payer au taux des meilleures. Peu contens de gains illicites, plusieurs créanciers pressent pour la rentrée de leurs avances. Une jolie femme, impatientée, excédée, ayant épuisé ses ressources, emploie la dernière. L'or arrive abondamment d'une manière trop facile, pour que celle qui s'est oubliée une fois, qui s'est permis le dernier excès de l'opprobre, n'y revienne pas journellement.

Les maris à cet égard se montrent presque tous d'une indifférence très-extraordinaire, mais fondée sur des motifs bien opposés. Le comte * * *, homme d'esprit,

M 2

sans principes, n'attache aucun prix aux
institutions les plus respectées. Sa morale
consiste à n'en point reconnaître ; aussi
dit-il hautement : „ Deux seuls mobiles
„ gouvernent le genre humain ; le plaisir,
„ l'intérêt. Rapportons-y toutes les actions,
„ nous ne nous tromperons jamais. Les
„ graves personnages préchant l'austérité
„ sont ou des sots, ou des hypocrites.
„ Nuls d'entre eux qui pratiquent réelle-
„ ment la vertu ; car après leurs assom-
„ mantes prédications , ils sont prêts à
„ succomber. Quelques-uns se contraignent
„ par amour propre. Prouvez la certitude
„ du secret, je réponds de les faire échouer
„ tous. Si la comtesse était sage, elle mé-
„ riterait de passer pour la merveille de
„ son sexe, et serait dans le fait une dupe.
„ Le président se glorifie de cette conquête;
„ je le félicite, et donne de bon coeur mon
„ aveu, sous condition qu'il ne m'en ré-
„ sultera ni augmentation de famille, ni
„ diminution de fortune. Elle le jette,
„ assurez-vous, dans des dépenses consi-
„ dérables ; je ne saurais qu'y faire, et ne
„ la donne pas pour extrémement rangée.
„ Elle le ruine d'ailleurs ; ah! sur ce point

„ dissipez vos inquiétudes ; son zèle tom-
„ bera , deviendra au niveau du mien. „

Le baron * * * sot et bavard , passant
pour bonhomme , grâce au vieil axiome
dont la vérité n'est pas très-bien démontrée,
assomme ses amis des fastidieux éloges de
sa femme. Eloges commencés par la chas-
teté , terminés par l'habileté portée à un si
haut degré , que cette femme unique dépense chaque année dix fois l'argent de
son revenu , sans contracter un sou de
dettes. Des éclats de rire bien significatifs
terminent le récit très-embarassant pour
l'auditeur , surtout lorsque la baronne
écoute à quatre pas de vous l'intendant
de * * * honoré de son estime particulière.

Un père , mariant son fils , annonce ne
pouvoir pas se séparer d'enfans nécessaires
au bonheur de sa vie. Les fètes , les présens destinés à produire de l'effet dans le
monde , nullement à satisfaire les jeunes
gens , font place à une exactitude littérale.
L'engagement pris dans le contrat de mariage ne reçoit aucune interprétation favorable. L'on agit comme vis-à-vis d'étrangers
très-indifférens. Le duc * * * voit ses fils
vivre dans le mal-aise, contracter des dettes

usuraires, manquer souvent des choses
d'agrément, des commodités presqu'indispensables, tandis qu'il régorge d'argent,
qu'il possède cent et cent superfluités dont
le don, sans lui être d'aucune privation,
deviendrait très-utile. Qu'un ami commun
tente des représentations, il reçoit pour
réponse : „ Peu de gens traitent aussi-bien
„ que moi leurs enfans : c'est la faute des
„ miens s'ils souffrent, d'autant que mon
„ intendant ne les laisse pas languir vingt-
„ quatre heures ; je ne puis rien de plus
„ pour ces beaux messieurs. „

Les domestiques des maris, des femmes,
des fils, des belles-filles, sont de droit
ennemis les uns des autres, se guettent
pour le bois, pour la lumière, objets aussi
soigneusement fermés qu'au milieu d'un
pays ennemi. Voulant à toute force admirer les usages de la capitale, je trouve
un avantage dans ce petit état de guerre ;
il inspire l'ordre beaucoup mieux que la
confiance à laquelle tant de provinciaux
trouvent des charmes. Adieu, mon très-
cher ami.

LETTRE XXII.

Le temps est passé où les poëtes reprochaient avec raison aux riches habitans de Paris de ne jamais apercevoir le soleil que près de son déclin ; midi paraissait une heure presqu'indue. Les choses, mon cher ami, ont entièrement changé, la mode rendant général l'usage des promenades du matin. Elles sont agréables, elles sont commodes ; les femmes surtout savent en tirer un très-grand parti.

La beauté majestueuse des Tuileries captive l'admiration, reçoit des éloges, mais n'attire presque personne. Ce superbe lieu présenterait un vaste désert sans quelques hommes raisonnables, quelques femmes assez laides pour être sensées, quelques anciennes courtisannes délaissées. Par fois cependant des gens du bel air s'y égarent. Je rencontrai dernièrement notre petit comte * * *, réuni à deux aimables pétillans d'esprit ; tous trois très-

émus discutaient au beau milieu de la
grande allée. Admis dans cet aréopage,
j'appris avec plaisir que l'intérêt public
inspirait le feu qui m'étonnait. L'on gé-
missait sur l'absurdité du gouvernement,
laissant subsister un antique monument
privé de grâces, réputé pour je ne sais
quelle prétendue noblesse. ,, Le superbe
,, terrein inutilement perdu ! que de res-
,, sources il présente pour un jardin an-
,, glais ! ,, La justesse, la finesse de ces
idées me frappèrent au point de m'inspirer
des voeux ardens pour que le changement
ne soit pas différé.

Le Luxembourg présente un tableau
assez curieux ; les costumes répondent
si bien à la bizarerie des figures, que l'on
serait tenté de les croire rassemblées avec
art pour former des groupes pittoresques
dans le genre de Calot.

D'antiques douairières, des prudes dans
leur hiver, analysent, en la regrettant,
la galanterie du temps passé; blâment la
licence du moment qu'elles sont furieuses
de ne pas partager ; déchirent les jeunes
personnes, objet sans cesse renaissant de
leur jalousie.

D'énormes

D'énormes perruques, ou des têtes presque chauves, annoncent les anciens défenseurs de l'état. Les uns, galants surannés, n'ont l'esprit nourri que de ces futilités qui dans la jeunesse valent des bonnes fortunes, et rendent si fâcheuses nos dernières années. Des grâces, des gentillesses, des propos légers inspirent le dégoût, du moment où les rides naissent. L'on fuit le vieillard frivole, malheureusement incapable de se suffire à lui-même. Quant aux fronts ombragés de cheveux blancs, ce sont souvent de vrais soldats, voués dès l'enfance au service. Tant que quelque vigueur soutint leur courage, ils combattirent; maintenant affaiblis par l'âge, mais pénétrés des mêmes sentimens, ils s'occupent des intéréts de la patrie; ils désirent sa prospérité; ils s'efforcent de former des projets relatifs à la gloire nationale. Ces délassemens bien nobles, bien dignes d'éloges, n'échappent pas aux sarcasmes. „ Quoi de plus insipide que les rêves „ creux de bonnes gens réglant l'état, de „ dessous l'arbre de Cracovie! „ Loin de partager ce mépris, j'écoute avec plaisir, quelquefois avec admiration, ces

N

respectables politiques. Je jouis de voir leurs yeux s'enflammer, leurs coeurs palpiter à la seule idée du bien public. Leurs récits, quoique longs, quoique répétés, intéressent. L'honneur, la loyauté, la franchise, la valeur, y brillent successivement. Par fois s'y rencontre une éloquence particulière, moins soignée, mais plus attachante que celle qui, le fruit de longues études, prend sa source dans l'esprit, rarement dans le coeur.

Plusieurs groupes d'ecclésiastiques sont épars. Ne cherchez point parmi eux l'agréable vernis des abbés du grand monde; ce sont de pauvres hères, ,, maigres, hi-,, deux et blafards, ,, couverts de méchantes soutanelles, travaillant sans relache, n'ayant pour récréation que quelques instans de promenade. La théologie, leur principale étude, fait naître de vives disputes, d'autant plus aigres, que la vanité blessée se montre dans tout son jour, sans être adoucie par l'usage du monde. La solitude, la sévère discipline des séminaires, font contracter au clergé du second ordre une âpreté de caractère qui ternit de grandes vertus. Bien des membres de cette classe nombreuse, roidis par le malheur, outragés par leurs supérieurs, s'indignent contre la religion elle même, sont incrédules, nécessairement hypocrites, souvent vicieux. Les hommes assez heureusement nés pour surmonter ces différens obstacles, deviennent d'excellens curés, c'est-à-dire les mortels auxquels l'humanité doit le plus de respect et d'attachement.

Insurmontable manie de moraliser, je ne parviendrai donc jamais à vous vaincre entièrement. Sans de pénibles efforts, chaque pas aménerait des réflexions, des reproches, des regrets sur le passé, tandis que la superbe carrière qui s'ouvre doit nous pénétrer d'une vive satisfaction. La France, à-la-fois triomphante, heureuse et libre! sur quel objet plus ravissant pourront jamais s'arréter les regards d'un citoyen? Considérons pendant quelques instans ce riche tableau; puisse-t-il, en causant notre admiration, émouvoir notre sensibilité, bannir tout esprit de parti, de haine et de vengeance!

Déjà nous possédons de grands avantages. Humiliantes formules, signes d'esclavage, nous ne vous connaîtrons plus.

N 2

Quel heureux changement ! sachons l'apprécier. Eussions-nous perdu la plus grande partie de notre fortune, nous serions dédommagés avec usure par la liberté, premier trésor de l'homme, véritable source de la grandeur, et qui seule peut annoncer de brillantes destinées.

Nos rois accueilleront avec bonté leurs sujets, veilleront à la félicité publique, se plairont à récompenser les hommes honnêtes. Les courtisans n'envahiront plus les grâces ; ils ne désireront les honneurs que comme la récompense des belles actions ; plus ils seront riches, plus ils répandront de bienfaits. Les gentilshommes trouveront la paix dans une vie simple, fuiront les illusions de la cour, travailleront à se rendre utiles. Le peuple verra ses droits respectés, vivra content sous l'empire des lois qu'il chérira. Le laboureur, aussi estimable qu'utile, ne traînera plus sa triste existence au milieu des souffrances continuelles du besoin et de l'oppression ; du moins il partagera les biens que nous lui devons. Au sein de l'abondance, son coeur sensible se rappellera avec attendrissement le grand Henri, ce père de la patrie, qui promit à ses enfans *la fameuse poule au pot*, attendue pendant près de deux siè_cles, obtenue, grâces aux sacrifices du plus généreux des princes.

Le clergé se distinguera non par ses ri_chesses comme autrefois, mais par sa piété, par sa charité, en un mot par la réunion des vertus apostoliques. Nos prélats, de_venus autant de pasteurs, feront des heu_reux, soulageront les misérables, console_ront les affligés, éclaireront les ignorans, soutiendront les faibles, défendront les innocens, et seront les bienfaiteurs de l'humanité ; le peuple les appellera mon père, titre bien au-dessus de celui de *mon_seigneur* : toute ame honnète s'épanche en prononçant le premier ; le second repousse et ne laisse que de la sécheresse dans le coeur à quiconque se sent un peu d'élé_vation.

L'armée recouvrera cette force, cette énergie que des systémes contradictoires avaient si fort ébranlée. Ses membres recon_naîtront que sans la plus entière soumission il n'existe point de militaire. Les républi_ques nous ont à cet égard donné de beaux exemples. Sparte et Rome triomphèrent,

N 3

tant que leurs troupes se distinguèrent par
une sévère discipline. La subordination
doit s'étendre depuis le général jusqu'au
soldat , l'exemple des premiers grades devenant la meilleure leçon des derniers.
Mais que tout homme de guerre sente que
ses droits de citoyen sont inaltérables ;
qu'après une obéissance passive aux ordres
supérieurs , il peut demander à la nation
justice des vexations ; qu'il obtiendra d'é-
clatantes réparations , ou bien essuiera de
rigoureux châtimens, selon l'importance ,
surtout selon la vérité de sa plainte : dès-
lors les chefs ne satisferont plus des passions personnelles ; tous auront devant les
yeux que les cris du malheureux opprimé
ne seront plus traités d'insolens murmures.
Le mérite, non la protection , deviendra
le seul moyen d'avancement. Le talent
supérieur guidera , éclairera, mais n'humi-
liera jamais l'ancienneté. L'on n'apercevra
plus même les traces de ces insultantes
lignes de démarcations qui formaient deux
noblesses , l'une destinée aux honneurs,
l'autre ,, dont on laissait vieillir l'ambition

,, Dans les honneurs obscurs de quelque légion. ,,

(*RACINE*.)

Braves compagnons parvenus à force de services, de travaux, vous ne vous verrez plus outragés par un nom également cho-quant et absurde.

Les magistrats rendront avec zèle la justice, préféreront l'intérêt du peuple à de vaines distinctions au-dessous d'eux, et banniront du temple de Thémis l'intrigue, la corruption, surtout l'affreuse chicane.

Le commerce débarrassé d'entraves, fleurira; la probité sera son premier appui. L'on ne mettra plus sa gloire à soutenir un crédit disproportionné à ses facultés, par conséquent criminel; mais à remplir ses engagemens avec exactitude.

Les intendans, les financiers, trop long temps .... Mais pourquoi les outrager? ils ne sont plus : pardonnons, oublions les maux qu'ils ont pu faire : rappelons-nous toujours que plusieurs d'entr'eux, bons patriotes, hommes éclairés, se sont acquis des droits à notre reconnaissance.

Les législateurs vont sans doute remonter au principe fondamental, duquel découlent les vertus morales et politiques. Sans le secours d'une bonne éducation, nos plus belles espérances s'évanouiraient.

N 4

De vils instituteurs ne corrompront plus leurs élèves par d'indignes flatteries, ne leur persuaderont pas que la naissance, que les richesses sont les vraies distinctions, qu'elles suffisent pour donner de la supériorité sur le reste des humains, que la nature accorde aux grands seigneurs une intelligence, un caractère, propres à gouverner.

Les jeunes gens gâtés dès leur enfance, méritent d'inspirer la pitié, nullement la haine. Le moment actuel devient une terrible leçon dont ils sauront profiter : ils s'efforceront d'acquérir les qualités dont désormais dépendront la considération ; ils auront besoin de grands efforts, vu leur paresse précédente. Que de torts à réparer! que de préventions à détruire!..... N'importe ; rien ne les découragera, une fois bien convaincus qu'eux seuls ont causé une chute aussi mémorable qu'irréparable.

Pardon mille fois, pardon, mon ami, des écarts de mon imagination qui m'a si fort éloigné du sujet que je traitais ; qui m'a mené à mille lieues des promenades dont je vous détaillais les objets intéressans. Suivez-moi encore une fois à la Place royale ; venez-y jouir d'un spectacle agréable pour un coeur honnête ; regardez de jolis enfans prenant leurs ébats : des jeux, des rires contrastent d'une manière heureuse avec la sombre tristesse de ce monument.

Les artistes ne sauraient donner aux imitations la beauté des objets qu'ils prétendent retracer. Dans Castor et Pollux, la magnificence, le goût, se sont réunis pour nous présenter l'image des Champs élysés. La soeur des Grâces, l'inimitable Guimard embellit ce charmant tableau ; cependant il plaît moins que cette champêtre, que cette délicieuse promenade, où vingt mille personnes se réunissent lors d'un beau jour. L'avoir placée près des Tuileries semble un choix très-heureux. L'imposante grandeur ne saurait être trop rapprochée de l'aimable simplicité. D'un côté, les efforts de l'art ; près d'eux un échantillon des beautés de la nature ; ici l'admiration ; à quatre pas les douces émotions.

Les vieux boulevards me plaisent infiniment ; j'aime à voir rassemblé tout ce que Paris possède de plus brillant et de

plus dissolu. Le luxe se déploie avec inso-
lence ; la richesse étalée se donne en spectacle près de la beauté. Les curieux ,
occupés de l'élégance des équipages , non
de la dignité de qui les remplit, sourient
en apercevant la Renard éclipser vingt
dames du plus haut rang. La foule se
porte à grands flots vers les jeux. C'est en
ce lieu que l'on peut juger jusqu'à quel
degré parvient l'industrie du pauvre, réduit
à la dure nécessité d'amuser son semblable.
Des baladins de toute espèce tâchent de
montrer une gaîté démentie par la pâleur ,
par la maigreur, suites de leur misère, de
leur déréglement. Quelques uns ont de l'esprit naturel , mais tous se permettent une
licence sans laquelle les spectateurs parti-
raient mécontens. Cette multitude livrée à
la dissipation sans cesse renouvelée , distingue particulièrement la capitale. Une
seule ville de province offre quelque res-
semblance ; il faut la chercher un peu loin ,
partir pour Marseille , y arriver un jour
de fête.

Nulle différence aussi marquée que celle
entre les nouveaux et les vieux boulevards. Ceux-ci sont l'image de la tranquil-

lité : point de tumulte, point de sujets de distraction. En passant des uns aux autres l'on se trouve à cent lieues de distance. Les réflexions, fruit ordinaire de la solitude, deviennent étendues, intéressantes, à raison du lieu qui les fait naître. Un fleuve bordé de superbes édifices, des arbres élevés, sous lesquels s'aperçoivent plusieurs bons vieillards courbés sous le poids des années et des blessures ; quoi de plus propre à inspirer, à nourrir cette douce mélancolie, si chère aux ames tendres !

Le peuple court chaque dimanche chercher à la guinguette le délassement du travail excessif de la semaine. La fatigue, le besoin, le chagrin, ne lui permettent pas de goûter des plaisirs tranquilles. L'illusion du bonheur ne se rencontre qu'au milieu du fracas. Des violons, des chanteurs détestables, du vin empoisonné, étourdissent complètement le parisien peu riche, qui le soir regagne avec peine son domicile, conservant, pour unique sentiment, le désir de recommencer l'orgie à la fin de l'autre semaine. Adieu, mon très-cher ami.

LETTRE XXIII.

La rapidité avec laquelle courent les voitures, la brutalité des cochers, l'indifférence des maîtres, forment un ensemble révoltant, que la nation, reprenant ses droits, anéantira surement. Les couleurs à la mode sont rarement agréables. Si les selliers font journellement de très-grands progrès du côté de la commodité, ils perdent beaucoup pour le goût extérieur. Des siéges très-élevés présentent un coup-d'oeil désagréable, et ne laissent pas que de produire des inconvéniens fâcheux par la difficulté de mener les chevaux.

Le provincial est indignement trompé par des carrossiers qui, sans nulle pitié, fournissent aux étrangers de vieilles patraques, attelées d'haridelles se soutenant à peine. Si l'économie réduit à l'usage modeste du fiacre, l'on se trouve renfermé dans des boëtes horriblement salles, rendant une odeur infecte, privées du jour, ne mettant point à l'abri des injures du temps. Pour comble de disgraces, cette dégoûtante prison marche plus lentement qu'un homme à pied, et coûte très-cher.

Puisque vous désirez des détails sur les équipages lestes de la capitale, je vous envoie une lettre que j'ai écrite aux rédacteurs du journal de Paris, étant encore tout plein de l'indignation causée par le danger couru deux ou trois fois d'être écrasé.

MESSIEURS,

Relégué au fond d'une solitude, je réfléchis : cette occupation, qui m'était entièrement inconnue, me paraît triste, mais elle m'est devenue nécessaire.

„ Car que faire en un gîte, à moins que l'on ne songe ?„

(*LAFONTAINE.*)

Les discours de quelques hommes instruits, écoutés sans attention, retenus presque malgré moi, votre journal, mon unique lecture tant que j'habitais la capitale, m'ont appris que les gens de lettres

étaient vivement alarmés de la décadence
du goût ; ils gémissent de ne plus apercevoir le germe d'aucun grand talent. Tou-
chés de ce triste spectacle, mais sans que
votre courage en soit abattu, vous tra-
vaillez avec ardeur pour ramener les écrivains à cette simplicité, à cette noblesse
de style, à cette pureté, premiers ornemens des ouvrages supérieurs. Votre critique est douce ; vous saisissez avec empressement toute occasion de prodiguer
des éloges, nous cachant avec soin la peine
que vous cause cette foule de productions
médiocres dont vous êtes assaillis de toutes
parts. Quant à moi, messieurs, bien plus
heureux, je jouis d'une parfaite sécurité ;
je trouve, en dépit des censeurs, que pour
être des génies du premier ordre, il ne
nous manque absolument que d'avoir des
idées neuves. D'après leur rareté j'espère
que celle que je vais mettre sous vos yeux
sera non-seulement reçue avec transport,
mais qu'elle m'acquerra plus de gloire
que vingt volumes de répétitions philoso_
phiques et morales.

Sans être aveuglés par une folle présomp_
tion, nous pouvons convenir que notre

siècle a , sur ceux qui l'ont précédé , de bien grands avantages : le plus précieux de tous, aux yeux d'une raison dépouillée des préjugés gothiques , est , sans contredit, cette heureuse rudesse que nos jeunes gens ont substituée à l'ancienne politesse de leurs pères , dont l'usage devait être aussi difficile que pénible. Nous avons eu le courage de renoncer au titre du peuple le plus galant et le plus aimable de l'Europe. Les qualités brillantes n'ont plus d'attraits pour nous : ces conversations légères , étincelantes d'esprit sur des sujets frivoles , cet art de répandre des grâces sur les moindres mouvemens, sont autant de talens bannis de la société. L'on peut parcourir en paix vingt cercles sans être blessé par aucun trait d'imagination ; et personne n'ignore que l'imagination devient la source des grandes erreurs.

De quel respect, de quelle reconnaissance ne devons-nous pas être pénétrés pour l'institution qui en a éteint le flambeau ! Vous brûlez de la connaître ; je pourrais , par de vains détours , exciter votre impatience, et chercher à donner de l'importance à ma découverte ; ce moyen

me paraît trop connu, je le rejette. Appre-
nez que les cabriolets doivent être l'objet
de votre culte : leurs conducteurs ont tous
un air sombre, une teinte d'humeur qui
ôte à leurs traits cette gaîté, cette aménité,
qui jadis défiguraient la jeunesse ; leur
esprit éprouve des changemens aussi importans. La crainte des dangers dont ils
sont entourés, le peu de confiance dans
une adresse qu'ils ne cessent de vanter,
les empêchent d'avoir des pensées étran-
gères à leur conservation, et sont pour eux
une source inépuisable de prudence, vertu
autrefois étrangère à nos petits maîtres
qui, couchés nonchalamment dans le fond
d'un élégant vis-à-vis, ne songeaient qu'aux
moyens de plaire. Concourez donc au bien
général, en formant des voeux sincères
pour que le nombre de ces intéressantes
voitures croisse chaque jour : notre heureux destin permettra peut-être que les
femmes les adoptent ; j'ose prédire qu'alors
avant peu d'années Paris offrira, aux
yeux de l'étranger étonné, un peuple
nouveau.

Si je n'étais jamais sorti de mon village,
je

je pourrais avoir la simplicité de trembler
sur le danger des infortunés piétons ; j'igno-
rerais une vérité bien incontestable, qu'une
nation florissante est divisée en deux classes,
celle des écrasans et celle des écrasés ; les
membres de la première peuvent et doivent
agir sans compter pour rien ceux de la seconde ; que les accidens réitérés ne les
affectent pas. Nous ne cesserons de leur
répéter :

,, Vous nous faites, seigneur,
,, En nous rouant, beaucoup d'honneur. ,,

(*LAFONTAINE*.).

Je ne puis terminer cette lettre sans
céder au penchant si doux pour les provinciaux, penchant qui leur fait consacrer
la plus grande partie du jour à des réflexions
politiques. C'est en conduisant ces chars
bruyans, que les grands du royaume se
préparent à commander les armées, à di-
riger les délibérations d'un conseil d'état :
quelles heureuses espérances ne devons-
nous pas concevoir d'une si parfaite école !
Le citoyen zélé pour sa patrie ne peut
regarder sans attendrissement les wisky ;
il voit en eux la pepinière des généraux,

O

des magistrats ; et ils retracent sous une
forme aussi fidelle que riante ces char-
rues d'où les premiers Romains tiraient
les consuls et les dictateurs.

J'ai l'honneur d'être , &c.

LE SOLITAIRE DE RAINCOURT.

Le 15 mars 1787.

LETTRE XXIV.

Vous demeurez, mon très-cher ami, trop constamment attaché à vos vieux principes ; ils ne sont pas plus de recette en morale qu'en matière de goût. Dans ce dernier genre, par exemple, votre admiration est toute réservée aux grands spectacles ; votre mépris devient le partage des petits théâtres, qui cependant paraissent délicieux, et qui servent d'école aux acteurs, aux auteurs. Un jeune homme y recueille sans peine des succès contribuant à son aisance ; de plus, flattant sa vanité, ce dernier sentiment comble ses désirs, le préserve du noble orgueil que la seule gloire parvient à satisfaire : l'étude, l'expérience, la méditation, toutes parties superflues pour réussir. L'esprit se montre dans toute sa force, que l'on sait bien être amortie par trop de travail. Nicolet, Audinot, restez à jamais célèbres, que vos noms se lisent gravés au temple de mémoire, entre ceux de *Ramponneau* et du *gros Thomas !*

O 2

Plusieurs rigoristes soutiennent avec
véhémence, avec déraison, que les plus
méprisables prostituées, venant étaler le
vice, offensent, par leur impudence, les
hommes sensés, égarent les jeunes, favo-
risent les honteux désordres des vieux
libertins; c'est au contraire le vrai côté
favorable. Le déréglement se reconnaît
pour chose d'absolue nécessité dans une
ville immense : quoi de plus merveilleux
que la possibilité de le rencontrer facilement, et sans beaucoup de frais ! Les
Beaujolois à cet égard méritent la pomme;
de plus ils sont à mes yeux une invention
digne de remarque, le dernier degré de
ridicule auquel pouvait atteindre l'industrie animée du désir de réveiller des goûts
blasés à force de diverses jouissances.

Les Variétés, assez généralement appe-
lées le spectacle national, réclament, non
sans quelque apparence de raison, une
mention honorable. Parmi des productions
grossières, dépourvues de conduite, de
décence, violant les règles de l'art, se
distinguent quelques pièces charmantes
qui par leur naturel, par leur gaîté, rap-
pellent le souvenir de Molière. Ces pièces

sont rendues par des acteurs chez lesquels l'amateur du spectacle doit chercher les dernières lueurs des talens de Préville. Hier, le hasard me plaça près d'un comte dont l'extérieur annonçait assez de bon sens, mais qui pousse jusqu'à l'dolâtrie l'amour des Variétés. Chaque jour le voit occuper le même banc : il admirait pour la soixantième fois le prince Baroco, et se trouvait assez heureux pour découvrir de nouvelles beautés, tant dans la pièce que dans la manière dont on la jouait.

Colisée, Panthéon, Redoute chinoise, &c. rendez-vous de plaisir, temples de volupté, vous réunissez, vous perfectionnez tout ce que l'on appelle, fort improprement, mauvaise compagnie. Cette classe très-nombreuse a ses règles, possède ses aimables. Certes, plusieurs de ces messieurs semblent s'être autant appliqués, avoir fait des progrès comparables à ceux de nos merveilleux du grand monde. Nous ne saurions trop admirer les derniers qui, jeunes et sous de frivoles apparences, ne tournent pas le pied, ne font ni une mine ni un geste sans de profondes réflexions. Leurs seuls propos, comme la partie peu importante, manquent de justesse. Combien de temps, combien de soins employés pour acquérir cette science connue sous le nom de fatuité ! Cherchons une expression qui la désigne mieux ; ne sera-ce pas la sublimité ? Adieu.

LETTRE XXV.

L'ON n'emploie plus, mon cher ami, ces riches étoffes dont nos respectables aïeux se paraient, deux générations de suite, et qui depuis, quoiqu'allégées, se changeaient après dix années d'usage en de très beaux meubles. La toilette des femmes de bon goût réunit élégance, fraîcheur, simplicité : son seul défaut consiste dans une cherté excessive. Les colifichets conservent leurs agrémens moins de temps qu'il n'en a fallu pour les préparer. Ils ont l'éclat de la rose et sa fragilité ; comme elle bientôt fanés, ils ne conservent nulle valeur. Une robe de gaze s'use pour ainsi dire entre les mains chargées de la soigner.

Toute mode extravagante reste le partage des courtisannes, tout au plus des provinciales.

Les hommes raisonnables se mettent avec goût, avec décence, tirent des surtouts, généralement adoptés, beaucoup

d'avantages. Nos jeunes élégans sont fous
du frac, le trouvent d'autant plus charmant, qu'il amène avec lui une espèce de
familiarité. Plus de cent gilets semblent
la preuve convaincante de cet admirable
esprit d'économie, qui bannit l'antique,
la gênante parure. Le Roi fit dernièrement
une très-judicieuse remarque, observant
que deux hommes de la cour, obligés,
par leurs dettes, de prendre la fuite, passaient pour ne jamais s'habiller.

De tous les ornemens modernes, le plus
agréable, le plus fait pour plaire, c'est,
n'en doutons pas, la cravatte. Que d'importance ne doit on pas attacher au talent
de la bien nouer! Sur tout Paris, deux
ou trois êtres, comblés des dons de la
nature, qu'ont accrus les efforts de l'art, se
distinguent dans ce genre. Heureux mortels, que je vous porte envie! la crainte
d'exciter trop de jalousie m'empêche de
vous nommer. Souvent témoin de votre
triomphe, j'ai gémi de ne pouvoir en
approcher, tandis qu'un doux contentement se peignait sur vos traits. Dans cette
brillante position la modestie serait super-
flue ; car le sourire de la suffisance, si
choquant

choquant par - tout ailleurs , obtient les
suffrages , lorsqu'il se perd au milieu des
plis artistement rangés d'une cravatte :
exemple fait pour démontrer la vérité de
cette ancienne maxime : „ Le prix des
„ choses dépend de l'à propos. „ Adieu,
je vous embrasse.

P

LETTRE XXVI.

Dans le centre de l'immense cité, s'en est, pour ainsi dire, mon cher ami, fo mée une nouvelle qui moins étendue, et réunissant toutes les jouissances, ajoute à leur vivacité. [Telle la lumière acquiert plus de force, plus d'éclat, à mesure que son foyer se resserre. Le Palais royal étonne l'habitant de Paris, fait les délices de l'étranger : ce dernier y voit ses moindres désirs prévenus. Aucun genre d'oublié ou de négligé : spectacles, assemblées publiques, marchands, artistes, ouvrie s, embellissent ce séjour enchanté. Toutes les ressources imaginables sont offertes, mais ne conviennent qu'à l'opulence, chaque objet étant payé fort au dessus de sa valeur, pour le moins le double du prix courant des autres quartiers, cherté très-augmentée pour qui prétend acheter du côté que la mode reconnaît comme le plus brillant.

Nos mœurs n'ont reçu le dernier degré

de poli que du jour où furent achevés ces
superbes portiques, sous lesquels le luxe
prend plaisir à étaler ses formes ingénieuses.
Les maris incommodes, les parens inquiets
ne sauraient apporter d'obstacles aux plaisirs de leurs épouses, de leurs filles. De
jolies retraites offrent, à toutes les heures
du jour, secret, commodité. L'amour a
des milliers de temples où sans cesse se
cherche la volupté, où trop souvent se
rencontre le dégoût, où quelquefois se
perd tout germe de sentimens honnêtes,
où presque toujours s'échange le vrai bonheur contre une courte illusion, suivie de
repentirs trop tardifs.

La bonne chère y joue un grand rôle :
je me range parmi les partisans des res-
taurateurs qui sont on ne saurait plus
agréables; „ mais ils écorchent. „ Faut-il
vous le répéter? l'on n'a travaillé que
pour l'opulence; la pauvreté reste, comme
de raison, entièrement négligée ; le gouvernement lui bâtira des hôpitaux, qu'elle
y aille ; qu'elle cesse d'incommoder les
riches sybarites peu disposés à s'attendrir.
Conduisons ces derniers aux cafés ; là les
attendent les meilleures glaces de l'Europe.

P 2

Le nombre des prêtresses de Vénus semble augmenter chaque jour, surtout au moment où la nuit tombe. Ces malheureuses victimes du vice conservent entr'elles un ordre assez singulier. Chaque allée est reconnue par son tarif; chaque beauté sait jusqu'où son ambition peut être portée. A mesure que les appas gagnent l'obscurité, l'incertitude augmente, la valeur diminue.

Cependant, parmi des êtres uniquement occupés de plaisir, vivant dans la dissipation, évitant toute pensée sérieuse, se mêlent des fourbes, des intrigans, des politiques dangereux. L'effronterie, la ruse tendent des piéges à la timidité, à la simplicité. Peu de semaine qui ne soit marquée par des événemens extraordinaires, souvent tragiques, au milieu desquels se sont distingués de grands traits patriotiques. Le Palais-royal a tant d'influence sur le royaume, que les observateurs, les historiens du dix-neuvième siècle s'en occuperont très-sérieusement, et parviendront peut-être à démêler tous ses ressorts. Adieu.

LETTRE XXVII.

LE théâtre de Monsieur ne répond pas aux brillantes espérances assez générale-ment conçues, d'après les soins pris pour en faire un des premiers ornemens de la capitale. Les pièces italiennes sont seules très-bien exécutées. Quelques musiciens aiment avec passion ce nouvel établisse-ment, d'ailleurs peu goûté. Quant à moi, je reconnais m'y être très-amusé jeudi dernier. L'on jouait le marquis Tulipano. Tout à coup l'actrice, chargée du role de la Com-tesse, se trouve incommodée. Grande ru-meur parmi les spectateurs. Nos plaintes se changent en applaudissemens à la vue d'une très-jolie demoiselle qui, des loges, offre de remplacer la malade. De la grâce, du naturel, une voix fraîche, captivent les suffrages, rendent très-piquant un début peu prévu, dès-lors d'un genre neuf.

Depuis long-temps les amateurs éclairés demandent que deux troupes jouissent à Paris de priviléges égaux, sans nulle faveur

P 3

distincte. L'arrivée des bouffons ne saurait remplir leurs vues, peut-être plus séduisantes que bien calculées. Loin de prétendre combattre votre opinion, c'est à acquérir des lumières que tendent mes voeux.

Deux spectacles nationaux entretiendraient une émulation très-avantageuse ; le public rencontrerait plus d'empressement, plus de désir de lui plaire ; les conseils des hommes instruits seraient reçus avec respect, formeraient des talens supérieurs ; les auteurs ne se verraient plus réduits à l'humiliante nécessité de solliciter les bontés des acteurs : tant d'avantages paraîtront peut-être incertains dès que l'on observera la rareté des sujets distingués. A peine dans un siècle se rencontre-t-il un *Baron*, un *le Kain*. Quelques riches présens qu'ait reçu de la nature l'artiste prétendant égaler de si beaux modèles, il n'en approchera que parmi ceux qui sont sensés les remplacer. En ayant deux écoles, nous posséderions peut-être beaucoup d'acteurs agréables ; mais nous n'en reverrions plus d'excellens.

Les écrivains, déchaînés contre les

entraves qui s'opposent à leurs tentatives, parlent plus souvent d'après l'humeur, suite d'une vanité blessée, que par esprit de justice. Plus de facilité, plus d'indulgence, sans satisfaire pleinement les parties intéressées, deviendrait pour Paris une source intarissable d'ennui. Rien d'aussi rare que de bonnes pièces. L'esprit s'est beaucoup répandu, mais aux dépens de la perfection. Les capitales, les petites villes fourmillent de gens parlant bien, écrivant correctement, ayant des connaissances, tandis que la nation produit beaucoup moins d'hommes supérieurs dans les lettres. Elles seront bientôt entièrement négligées, ou tout au plus regardées comme de faibles délassemens, d'après l'enthousiasme pour les objets politiques, pour les intérêts de l'Etat. D'ailleurs nos passions, nos vices, nos ridicules ne croîtraient pas en proportion des écrivains dont nous sommes loin de désirer un plus grand nombre ; cherchons simplement à les protéger contre le despotisme du comité de la comédie française.

Des académiciens, choisis par la voix du scrutin, jugeraient les productions

P 4

dramatiques, les admettraient, les rejette-
raient, en un mot prononceraient des arrêts
plus respectés que ceux de l'aréopage
actuel. Ce dernier obéirait aveuglément,
et serait puni si l'esprit de cabale faisait
mal exécuter un ouvrage approuvé.

La part d'auteur semble une très - juste
récompense, étant proportionnée aux succès. Cependant, l'écrivain qui essuie des
revers dans le genre le plus difficile, possède souvent du talent qu'il faudrait encou-
rager au lieu de le rebuter. Ne récompensez
pas également une victoire et une chute;
mais que le malheureux reçoive quelque
consolation dans sa disgrâce, causée souvent par l'intrigue, par l'humeur. D'après
ce nouvel ordre des choses, l'approbation
d'hommes éclairés serait preuve certaine
de parties dignes d'éloge. Qu'un coup de
sifflet cesse de devenir un coup de ruine.
Les amis de C*** le pressent d'aspirer à
cueillir des lauriers sur le théâtre français : son imagination pleine de feu, son
esprit délicat et fin, son caractère enjoué,
sa parfaite connaissance du monde lui
ouvriraient une bien belle carrière. La
médiocrité de sa fortune le retient : il

préfère moins de gloire, mais plus d'aisance.
Les petits théâtres payent six cents livres
ses moindres essais. Un homme né pour
le grand, retrécit sans cesse ses idées,
dégénère de jour en jour, finira par être
incapable de rien produire de bon. Adieu;
je vous embrasse.

LETTRE XXVIII.

CHERCHER l'origine du luxe, c'est, mon cher ami, prétendre remonter à l'époque où les hommes se sont réunis. Le Lapon sous ses neiges, le Hotentot dans sa hutte, éprouvent les mêmes passions que l'habitant des plus opulentes cités, veulent également satisfaire leur vanité, leur désir du bien-être, véritables sources de cette passion blâmée par tant de moralistes. Quelques politiques, quelques philosophes ont démontré que le luxe, loin de nuire aux grandes puissances, assurait leur splendeur, animait pour ainsi dire des corps qui, privés de ce puissant véhicule, languiraient dans une dangereuse inertie. Peut-être sont-ils fondés ; mais très-certainement malheur aux états peu étendus, aux faibles républiques, d'où l'on bannit le goût de la simplicité !

Ces encouragemens, ces menaces n'influent sur aucun usage, restent au rang des choses inutiles. Toute société est livrée au luxe, qui prend différentes formes d'après le gouvernement, les moeurs, les situations locales, mais conserve le même pouvoir. L'histoire des siècles passés sert de preuve à cette vérité ; nous-mêmes la confirmerons aux yeux de la postérité.

Les jouissances personnelles ont remplacé la représentation négligée jusqu'à l'indécence. La dépense qui ne se rapporte pas à soi est rejetée. Penser à l'utilité, à l'agrément des autres, s'occuper de ce qu'impose son rang, sa place, paraissent des devoirs totalement oubliés. Les nouveaux hôtels présentent tout au plus de jolies façades. En revanche, nos ancêtres n'avaient pas d'idées des charmantes distributions réunissant une foule de commodités. Les pièces sont prodiguées jusqu'à la profusion ; plusieurs restent si bien destinées à des usages imaginaires, qu'elles ne servent jamais. Enfin, il résulte de l'arrangement actuel que le maître du plus superbe palais ne conserve pas un seul réduit où puisse être placé l'homme de province, son protégé, quelquefois son parent, assez confiant pour quitter ses foyers domestiques d'après de trompeuses espérances, dont le résultat se borne à ennuyer complettement *Monseigneur.*

Les repas nombreux ont fait place à des banquets dans lesquels six gourmands consomment ce qui nourirait six familles, ce qui eut, il y a cinquante ans, satisfait trente convives. La chère excellente est parvenue au degré de perfection de flatter le palais sans incommoder. Point de ces entrées composées, de ces sauces fortes, propres à enflammer le sang. Rien en apparence de plus simple que le service actuel; rien dans le fait de plus exquis. La propreté, l'élégance du couvert ajou tent au plaisir. Nul tableau aussi riant qu'une table sur laquelle l'argent habilement façonné, le somptueux vermeil, se confondent parmi la porcelaine de Sève et le chrystal d'Angleterre. Dix mille écus suffisent à peine pour présenter une décoration achevée. La vue, l'odorat, le goût également flattés, deviennent autant de sources de volupté. Le vin met le comble au bonheur en chassant jusqu'aux moindres traces des soucis dévorans. Jadis on n'en trouvait que de mauvais; mais les gourmets, étendant leurs recherches, obtiennent chaque jour de très-grands succès dans cette intéressante partie. Jamais vin appelé *ordinaire* ne paraît aux comités; le Wermouth ouvre la marche ; sur ses pas viennent immédiatement les vins de Champagne, de l'Hermitage et le Bordeaux : bientôt paraissent le nectar du Cap, celui de Tokai, les liqueurs des îles, toutes boissons délicieuses, surpassées par le café, d'une force, d'une saveur, d'un parfum dont nous autres bonnes gens ne nous formons pas d'idées.

Rarement un provincial est admis à pareille fête, d'après la présomption que ses sens grossiers ne lui permettraient pas d'en apprécier la dixième partie. Avant d'y parvenir, un ami plein de zèle m'instruisit de plusieurs règles à suivre, bien plus importantes qu'elles ne semblent au premier aspect. Répéter ses leçons, ce serait les défigurer ; je rapporterai simplement l'exemple qu'il cita pour fixer mon attention ; puisse-t-il convaincre les débutans de la nécessité d'étudier avec soin les moindres détails. Le plus aimable des poëtes a jadis prononcé ,, que les petites choses captivent les ames légères. ,, (*)

(*) *Parva leves capiunt animos.* (OVIDE.)

Le vicomte * * *, arrivant assez tard du
fond de sa province, obtint cependant des
succès très-marqués. Un nom connu, une
figure noble, une taille avantageuse, un
esprit agréable, surtout une assurance inébranlable, en firent dans peu de temps un
homme à la mode. Cent rivaux jaloux se
désespéraient de ce triomphe éclatant, dont
le héros s'enorgueillissait infiniment. . . .
Hélas, son bonheur ne fut que l'erreur de
nos beaux songes, si souvent suivis de
tristes réveils. Un jour que le vicomte
paraissait au sommet de la gloire à souper
chez la princesse * * *, il s'oublia et dit :
,, Mesdames, vous servirai-je *du champagne.* ,, A ce mot la foudre du ridicule
éclata ; l'homme à la mode tomba ; nul
espoir de se relever. Peut-on s'intéresser
à qui prononce pareille phrase, annonçant
la garnison, que dis-je, le corps de garde ?

Quelle leçon de morale, que de sagesse,
que de finesse dans l'arrêt de ces dames !
pour éviter un tel danger, bien des nuances,
difficiles à saisir, doivent être observées.
Nous venons de voir un homme justement
déchu pour avoir substitué une expression grossière à celle de vin de Champagne ;

même attention est exigée en parlant de tous les autres cantons, excepté de celui de Bordeaux; car, par le même esprit, l'on rejetterait qui ne demanderait pas du Bordeaux, et placerait dans cette occasion le mot vin.

Un acte de justice terminera ma lettre : l'on apprendra que la générosité, vertu si rare ailleurs, semble généralement chérie à Paris; qui la pratique n'y met qu'une seule petite condition, „ la certitude d'en „ recueillir pour lui-même le principal „ fruit. „ Adieu.

LETTRE XXIX.

LA Cour a jusqu'à présent pu passer pour le premier mobile de tout ; nos usages, nos moeurs furent son ouvrage. Paris l'imitait, les provinces de leur coté produisaient par milliers de plus ou moins pitoyables copies de la capitale. L'ennuyeuse étiquette, bannie par l'enjouement, excitera long-temps les regrets des princes ; l'aisance dans les manières, même la familiarité ont bientôt paru. L'enceinte impénétrable que le respect posait entre les souverains et les sujets s'est trouvée abattue; les courtisans étonnés de rencontrer l'humanité dans des maîtres que plusieurs préjugés d'enfance persuadaient d'une essence plus relevée, se sont permis des manques d'égards, des plaisanteries. Les peuples instruits ont réfléchi, ont secoué leurs fers.... Mais pourquoi tant raisonner, tandis que le seul besoin de dissipation m'a conduit sur le théâtre dont je cherche à donner une idée?

Rien de plus important au bonheur que
de

de conformer ses sentimens à ceux des personnes parmi lesquelles on habite. Qui dans la capitale s'attache sincèrement passe des jours bien tristes , souvent empoisonnés par la douleur de n'être payé que d'un faible retour. Si vous prétendez jouir d'agrémens , rendez-vous amusant, pour le moins utile. La ruine d'un particulier retrace les coutumes des peuples sauvages ; ils fuient loin de leurs malades. Huit jours de pauvreté lassent toute amitié de société : expérience cruelle qui prouve la vérité de ce mot plein d'une déchirante énergie. Un malheureux pressé par son pasteur de sacrifier un chien dont la nourriture paraissait à charge s'écria : „ Eh monsieur, qui m'aimera dans le monde ?„

Se bien porter, posséder de la fortune, rire des plus sérieux événemens , faire facilement connaissance, former et rompre légèrement des liaisons , rechercher sans affectation les gens aimables, supporter de temps en temps les ennuyeux, cacher son humeur aussi soigneusement que son secret; tels sont les points essentiels pour vivre content à Paris. Ce pays ne sera donc jamais le vôtre. Adieu ; je vous embrasse.

Q.

LETTRE XXX.

Est-il possible, mon ami, que qui cultive les lettres et les chérit n'éprouve pas un sentiment de respect, d'admiration en voyant rassemblés des hommes que nous devons regarder comme des maîtres destinés à éclairer la nation? Une séance de l'académie française produit en moi la plus vive émotion : tous les fauteuils ne sont pas, à la vérité, remplis avec le même éclat; mais dans aucun d'eux ne s'assiedt le manque total de talens. Attribuons les satires, les épigrammes à l'amour-propre blessé, lui seul se plaît à déchirer les membres d'un corps dans lequel tant de rivaux prétendent entrer, que chaque nouveau choix produit une foule de mécontens.

Au moment d'une régénération entière, les académiciens accueilleront parmi eux le premier bien des grandes ames, la liberté; ils briseront les tables de leurs lois, de ces lois portant l'empreinte de la

main du despote altier qui les dicta,
par conséquent également injustes et absurdes. Nous ne verrons plus la naissance
prendre la place de l'esprit; nous n'ap-
prendrons plus, avec indignation, que
l'écrivain supérieur se trouve forcé à des
démarches souvent indignes de lui. De
bons ouvrages deviendront les seuls titres;
quiconque en aura produit se verra recherché, désiré: la France, l'Europe entière
réclameront pour plusieurs sujets illustres
malheureusement négligés; la justice ne
bornera pas les honneurs à nos contemporains. Modeste, éloquent, sensible bernardin de Saint-Pierre, vous serez enlevé
à votre retraite, non pour prononcer de
fastidieux éloges, mille fois rebattus, mais
pour couronner la statue du bienfaiteur des
Français: l'homme de génie, prenant en
main le flambeau de l'amitié, parlera digne-
ment de Rousseau. Vous, jadis son élève,
maintenant son successeur, peignez-nous
en traits de flammes les talens, les vertus
portés au plus haut degré; faites-nous bien
connaître ce mortel à la voix duquel le despotisme s'écroule, les préjugés se taisent,
l'homme reprend ses droits, la nature n'est

Q 2

plus outragée. (*) Bravez les cris d'impuis-
sans ennemis ; élevez un monument que
ne puissent ébranler, ni les serpens de
l'envie, ni les outrages du temps ; placez
courageusement le philosophe de Genève
au dessus des hommes célèbres du dernier
siècle ; songez aux générations à venir ;
soyez certain que des citoyens généreux
ne compareront jamais des ouvrages destinés, soit à l'amusement, soit à l'instruction de quelques classes privilégiées, aux
travaux assurant le bonheur du genre-
humain.... Adieu mon cher ami.

(*) Il m'est doux de penser que le littérateur estimable, qui m'a reproché *l'élan du plus aveugle enthousiasme pour Rousseau de Genève*, a lui-même changé
d'opinion depuis quelques mois, et cesse de croire que
ce philosophe *ait fait plus de mal que de bien à la
société.*

LETTRE XXXI.

Être le dépositaire, l'interprète des lois, veiller au bonheur de ses concitoyens, protéger l'opprimé, faire triompher l'innocent, punir le coupable, réprimer le puissant injuste, tels sont les devoirs du magistrat ; se bien pénétrer de leur importance donne des droits à l'estime publique ; mais lorsque les lumières égalent les vertus, nul mortel ne mérite autant le respect de ses semblables que celui qui dirige le glaive de la justice. Trop long-temps nos vicieuses institutions ont maintenu les plus dangereux abus : la naissance, la fortune étaient devenues nécessaires pour être juges ; au fils aîné de telle famille appartenait une place éminente ; pas un président à mortier qui dans le fait ne le fût avant de venir au monde. Rendons grâces au ciel si le plus grand nombre s'est avantageusement distingué ; car ni l'ineptie, ni l'ignorance, ni l'étourderie ne pouvaient exclure qui naissait décoré d'un nom distingué dans la haute robe.

La nation, jalouse du bonheur général, portera des regards attentifs sur un point aussi essentiel pour tout gouvernement sage et humain ; après avoir créé des lois, l'admiration de l'Europe, elle veillera sans doute à ce que leur exécution ne soit désormais confiée qu'à des mains dignes de cet emploi sacré. Peut-être sentira-t-on que ce n'est point à la gravité du maintien ou aux décorations extérieures que s'accordent la considération. Assurément un conseiller d'état aurait tort d'étaler la parure d'un jeune petit-maître; mais un habit simple et décent conviendrait mieux que cette volumineuse perruque, cette énorme cravatte, cette longue robe, dont il résulte un costume bizarre, qui vu de sang froid excité la pitié. Les hommes ne sont que trop disposés à se payer d'apparences, à jouer comme de simples enfans ; accoutumons-les à n'estimer que les réalités, à mettre aux choses leur véritable valeur.

Je crois inutile de reporter vos regards sur notre code criminel, dévoué à l'improbation générale avant sa destruction. Je me suis senti contre lui un mouvement particulier d'horreur depuis que dans la malheureuse affaire où je fus appelé comme témoin, je vis que qui m'interrogeait laissait entièrement en mon pouvoir de perdre ou de sauver l'accusé. Combien de dangers courait l'innocence exposée à la haine, à la vengeance! Supposé que l'humanité obtint d'être toujours préférée, ainsi qu'elle le fut par moi, l'inconvénient, quoique moins grand, eût cependant blessé les principes d'une bonne législation, qui doit éviter la faiblesse presqu'autant que la cruauté.

Si la crainte de vous inspirer trop d'horreur me fait taire les scènes tragiques, afin de ne point exciter votre mépris, je laisserai dans l'oubli ces espèces de farces indécentes, jouées quelquefois à l'audience de neuf heures. L'on y plaidait le plus souvent des causes de peu de valeur; cependant il me paraissait difficile de ne pas éprouver du mécontentement de plusieurs plaisanteries faites pour affecter vivement les personnes attaquées. Occupons - nous simplement de la manière dont se conduisaient les grandes affaires d'intérêt.

Le comte *** soutenait il y a sept ans, au parlement de Paris, un procès très-

considérable, dont la bonté allait jusqu'à
l'évidence. L'amitié qui nous unit me conduisit chez ses avocats; tous deux, d'une
grande réputation, répondaient du succès;
le plus fameux, surtout, s'irritait du moindre signe d'inquiétude, et jurait d'abandonner le barreau s'il ne triomphait pas
dans cette circonstance. Nous nous rendons
à l'audience comme au lieu de la victoire:
notre premier avocat parle avec autant de
clarté que d'éloquence; l'adversaire répli-
que, s'anime, verse des larmes d'attendrissement en dépeignant des gens qui lui étaient
inconnus; moi-même, très-touché, je res-
sens une soudaine frayeur, dissipée par
notre procureur, vieux routier blanchi
dans la chicane. „ Ce plaidoyer paraît bon,
„ mais ne contribuera nullement à l'arrêt.
„ Ces messieurs ont déjà fixé leur opinion;
„ ils laissent, sans les écouter, prononcer
„ de belles phrases, propres à satisfaire les
„ plaideurs et les curieux oisifs. — J'en-
„ tends: le mémoire publié dernièrement
„ devient la base de tout. — Vous don-
„ nez dans une nouvelle erreur; la vie
„ d'aucun homme ne serait assez longue
„ pour lire les volumineux factums dont
„ l'on

,, l'on inonde la cour; d'ailleurs les ques-
,, tions y sont présentées sous un jour si fa-
,, vorable que le bon droit se trouve toujours
,, dans le dernier lu : aussi n'ont-ils d'autre
,, succès que de tranquilliser les parens, les
,, amis, de plus, d'augmenter les frais. —
,, Mais, de grâce, comment juge-t-on ? —
,, Les hommes intègres, d'après le rapport
,, dressé sur les pièces, les autres cèdent
,, à différentes recommandations; tel écoute
,, sa maîtresse, tel autre obéit à son confes-
,, seur. ,,

Les éclaircissemens du bon patricien
redoublèrent mon attention ; je tâchai d'é-
tudier nos sénateurs. M. le premier président ne cessa d'écrire des billets ; les mes-
sages se succédaient avec une rapidité surprenante. Huit ou dix personnages âgés por-
taient l'ennui peint sur leur physionomie.
De jeunes conseillers me plurent beaucoup;
leurs grâces étaient séduisantes : de ma vie
je ne verrai prendre plus agréablement
des prises de tabac dans de plus jolies
boîtes. Le cours de mes observations fut
interrompu par le rapport de M. l'avocat
général ; je l'attendais des plus favorables,
d'après les prévenances que ce sémillant

R

magistrat avait bien voulu nous prodiguer.
J'ai depuis appris que loin de fonder des
espérances sur le bon accueil, il fallait au
contraire n'y voir que le pronostic du
revers. Ces messieurs se persuadent que

„ Le seigneur Jupiter doit dorer la pillule. „
(*MOLIERE.*)

Le comte et moi ressentîmes seuls de la
peine d'une condamnation inouie : nos
défenseurs, ne pensant déjà plus à l'affaire,
nous firent de très-belles révérences, re-
joignirent leurs connaissances, et s'entre-
tinrent de bagatelles qui les occupèrent bien
plus que les malheurs de la partie battue.

Comme nous nous retirions tristement,
mon oreille fut frappée de discours tenus
au milieu de la grande salle, discours inju-
rieux, attaquant la justice, la magistrature,
tels en un mot que personne ne devait,
selon moi, à moins de démence, se les
permettre.

L'homme se familiarise donc avec les
plus grands dangers. Le grenadier rit sur
la brèche; le matelot chante au milieu de
la tourmente; le clerc de procureur, plus
téméraire encore, médit de *messeigneurs*

presqu'à leur barbe. Si la crainte cède à
l'habitude, il en est de même du respect.
Les plus redoutés souverains, les plus
grands, les plus saints objets, vus de près
et sans interruption, cessent bientôt d'en
imposer. C'est dans le vatican même qu'é-
clate le plus indécemment le mépris de
la religion. Le successeur des apôtres se
voit en butte aux railleries, aux pasquinades
de ses sujets ; les foudres de l'église ne
firent jamais trembler que les peuples éloignés du lieu d'où elles partaient. Dans tous
les temps l'on répétera avec vérité :

„ Tes plus grands ennemis, Rome, sont à tes portes. „

(RACINE.)

Adieu, cher ami ; je prévois bientôt la
fin d'une correspondance que je crains bien
ne vous avoir pas été aussi agréable qu'à
moi : y trouver une occasion de vous donner de nouvelles preuves de mes sentimens me la rendait très-chère.

R 2

LETTRE XXXII.

APPAREMMENT, mon ami, quelqu'intelligence surnaturelle daigne vous instruire, puisque n'ayant jamais habité Paris vous réclamez plusieurs objets oubliés dans notre correspondance : pour la première fois je trouve l'ombre de l'injustice dans votre conduite. Est-il permis d'accuser de négligence ou de mauvaise volonté celui qui satisfait à ses engagemens? J'ai promis de présenter quelques aperçus de l'immense tableau dont les seuls grands-maîtres pourront exécuter l'ensemble. Mon attention devait se borner à parler des choses que je connaissais bien, à remplir de vérité mes esquisses, à savoir éviter également les sujets profonds et les usages minutieux ; il me semble avoir rempli ma tâche. Cependant, afin qu'aucunes de vos demandes ne me soient adressées sans fruit, voici des détails relatifs aux deux articles de la dernière épître.

J'ai vu le bal de l'opéra sous des aspects si différens, que je crois ne pouvoir mieux faire que de vous rendre compte de mes diverses sensations : c'est, selon moi, le vrai moyen de vous mettre à même de bien apprécier un plaisir sur lequel mon opinion, quelle qu'elle fût, rencontrerait des contradicteurs.

Temps heureux des illusions, je trouve mille charmes à me rappeler votre souvenir ! Vous êtes l'image de ces songes fortunés dont on aime à nourrir sa mémoire, sans que pour cela le coeur les regrette, encore moins désire qu'ils renaissent. Avoir joui sans excès des plaisirs du bel âge, y reporter de temps à autre un doux regard, connaître le prix de la paix qui succède à l'ivresse, est-il pour l'homme raisonnable une situation plus digne d'envie ?

Treize ans se sont écoulés depuis l'époque où, bravant les rigueurs d'un cruel hiver, je traversai le royaume ; je passai six jours et six nuits sans prendre de repos pour me trouver à Paris le dimanche gras. Quelle fête m'attendait ! „ un bal de l'opéra ! „ Les jouissances s'y présentaient en foule. Dans une salle magnifiquement

R 3

éclairée, retentissant du son des instrumens, étaient réunis des milliers d'êtres
amenés par le désir de s'amuser, et animés
par la volupté. La beauté cachée laissait
échapper assez de formes agréables pour
exciter les désirs ; l'esprit, acquérant sous
le masque plus d'activité, offrait des pensées neuves, des expressions saillantes,
en un mot des richesses presque intarissables ; les traits de la satire, habilement
lancés, ne faisaient jamais de profondes
blessures. Non sans doute ; Armide ne
rassemblait pas plus de charmes pour en-
chaîner à ses pieds l'invincible Renaud.
Aussi du moment où j'entrais dans ce palais
enchanté, nulle triste réflexion n'empoi-
sonnait ma délicieuse existence. Souvent
arrêté dans les corridors, entraîné au foyer,
le jour me surprenait avant d'avoir donné
un coup-d'oeil au bal. Deux femmes de
province firent une assez triste épreuve de
mon étourderie : ces dames voulurent bien
jeter les yeux sur moi pour leur servir
d'écuyer. Au moment de notre début, au
milieu de l'embarras naturel à des personnes qui n'ont point encore approché
de ce lieu bruyant, un masque très-agaçant

m'appelle ; je le suis : cette rencontre me conduit à beaucoup d'autres. Enfin six heures sonnent avant que je rejoigne mes compagnes qui , placées dans une loge, étaient mourantes d'ennui.

Parmi les heureuses destinées dont ma vanité se nourrissait , parurent par fois des incidens formant de légères ombres au tableau. Un jour la plus spirituelle des femmes voulut bien s'emparer de moi ; sa conversation m'amusa d'abord , bientôt m'intéressa. J'aperçus une main, un bras, un pied!.... Ah ! certainement la nature les forma pour servir de modèle , pour donner une idée des attraits de la mère des amours. Trois bals de suite changèrent mon goût en une passion impétueuse. Je fis un aveu reçu avec bonté ; je demandai de connaître les traits charmans ; l'on se défendit avec une modestie que je crus feinte, qui conséquemment ne fit qu'attiser mes feux ; enfin mes prières obtinrent que l'on se démasquerait. Nous montâmes aux troisièmes loges. Comment peindre mon étonnement , mon dépit, à la vue d'une figure ?.. le nez seul semblait de deux pieds; je frissonnai. „ Qu'avez vous, me

„ dit une voix tremblante ; je vous parais
„ hideuse. — Mon dieu non ; le plaisir,
„ le... „ Je balbutiais encore quand dispa-
rut ma conquête. Tous mes soins pour la
retrouver ont été superflus. J'ai conservé
beaucoup de regrets de ce qu'une personne
aussi aimable ne m'eût pas permis de lui
offrir des sentimens plus paisibles : près
d'elle l'amitié doit avoir bien du prix.

Cette année j'ai voulu goûter encore des
plaisirs autrefois si bien sentis ; hélas ! ils
n'existaient plus pour moi. Le temps qui
sans relâche travaille à notre destruction,
nous prépare au moment fatal en répan-
dant le triste dégoût sur nos jouissances.
Si les goûts de la jeunesse conservaient
toujours leur fraicheur, leur agrément,
l'homme de quarante ans mériterait déjà
notre pitié ; le vieillard passerait ses derniers momens dans le désespoir. L'ennui,
qui si souvent nous parut le plus grand
fléau, qui fut le puissant mobile de nos
actions, devient notre unique soutien :
sans son poison rongeur auquel nul mortel ne se dérobe, que d'affreux tourmens
précéderaient l'instant où nous abandon-
nerions un séjour qui pour lors serait plein
d'attraits !

Un si grave début doit annoncer clairement ce que j'ai éprouvé; mais il est à
craindre, mon ami, qu'en lisant ma belle
période vous ne suiez sang et eau , et ne
vous impatientiez contre l'infatigable rai-
sonneur. Croyant d'ici vous entendre crier :
,, reposez-vous, et concluez , ,, j'obéis.

La vicomtesse ***, dont la société est
devenue ma principale ressource, sort rarement de son intérieur. Cependant, sur le
désir que je montrai de revoir un bal de
l'opéra, elle voulut bien que nous y allas-
sions ensemble le jeudi gras. Pendant
vingt-quatre heures mon imagination resta
très-agréablement prévenue. Nous arrivâ-
mes après minuit. Qu'aperçus-je? Deux
mille personnes entassées se coudoyaient,
se froissaient; des nuages de poussière
exhalaient une odeur aussi désagréable que
mal saine ; le caquet des masques, les cris
de quelques gens mal élevés, le bruit de
violons placés entre les mains d'espèces
d'automates, couverts de vieilles guenilles,
tombant de sommeil, toutes ces circonstances produisaient un vacarme très-désa-
gréable. Je pensai que l'esprit allait être
amplement dédommagé des souffrances du

corps. J'acostai, j'écoutai, j'entendis, de petites phrases communes, des plaisanteries sans sel, en un mot de pures fadaises que personne à découvert n'oserait avouer. Il me devint facile de juger que l'assemblée restait aussi long-temps réunie par désoeuvrement, même par ton. Presque tous les individus lassés, excédés, harassés soupiraient après l'instant de la retraite, dont aucun d'eux ne voulait donner l'exemple.

Deux situations aussi contraires dans le même lieu prouvent qu'il appartient à la jeunesse de tout embellir. Pour notre bonheur la sage nature permet que chaque âge ait ses plaisirs. Les grandes sociétés cherchent à seconder des vues si bienfaisantes, en formant des établissemens dans tous les genres. Par exemple, le concert spirituel réunit les hommes sensés, même les vieillards : ces derniers y trouvent des traces de leur ancienne sensibilité; elle est réveillée par la musique qui conserve des attraits quand tous les autres goûts paraissent éteints. De célèbres virtuoses embellissent ce concert; mais souvent aussi le public est forcé d'entendre de faibles débuts, d'applaudir à des prodiges naissans, que le commérage, que la protection mettent en avant. Les amateurs éclairés applaudissent aux travaux assidus des directeurs de ce spectacle, dans lequel l'on désirerait pourtant un peu moins de monotonie. Adieu, je vous embrasse.

LETTRE XXXIII.

Si l'idée que j'ai tâché de donner de Paris est juste, comment tant de personnes s'empressent-elles d'y accourir? comment se peut-il que celles qui l'ont habité quelque temps, trouvent tous les autres séjours fastidieux, assommans? Votre entière confiance ne peut pas se soutenir dans cette occasion, et vous me soupçonnez d'avoir écouté des mouvemens de misanthropie, desquels est résultée une véritable satire. Croyez, mon ami, que je ne suis point à m'occuper de cette objection, qu'il m'eût paru très-doux d'esquiver; mais vous autres, gens réfléchis, ne laissez rien échapper. Un évaporé mettrait son correspondant bien plus à l'aise; il faudra, tant bien que mal, sortir d'embarras.

Avant de convenir des avantages nombreux de la capitale, j'établis comme un principe certain que les provinciaux n'y

cueillent des roses qu'au milieu de fagots
d'épines. La plupart du temps étrangers
au ton reçu, éloignés de l'esprit du jour,
ignorant les détails piquans, ils se montrent
empruntés, déplacés, en un mot aussi
gênans que gênés : et cependant un attrait
invincible, un je ne sais quoi indéfinis-
sable les attire. La curiosité fait entreprendre le premier voyage, les autres sont
l'ouvrage de la vanité. (*) Cette passion
si souvent ridicule, se déjouant presque
toujours elle-même, paraît en ceci parfaitement calculée. Que d'importance n'acquiert pas l'homme arrivant de Paris! Trois
mois de petits désagrémens deviennent
garants de trois années de grands succès.
Quel excellent marché pour la fatuité!
Les jeunes étourdis étudient avec soin
leur ami nouvellement débarqué ; en l'imi-
tant ils enchérissent encore sur un·modèle
toujours outré lorsqu'il ne se trouve pas
entièrement faux. Les femmes à prétention

(*) L'on sent aisément qu'il n'est pas du tout question des personnes arrachées de leurs paisibles retraites
pour des affaires qui le plus souvent coûtent autant
de fatigue que d'argent, et quelquefois ne se terminent pas.

pardonnent mille et mille sottises à l'aimable tout resplendissant de belles manières ; elles n'osent pas le maltraiter, parce
qu'il pourrait arriver que l'on se fâchât d'une
chose précisément à la mode, ce qui dévoi-
lerait une ignorance humiliante : la crainte,
la fausse honte engagent à tout passer.

Vous rappellerai-je le château * * *? la
petite dame était pénétrée d'une telle admiration pour le grand théâtre, que les choses
qu'il me plaisait lui annoncer comme
d'usage reçu, devenaient à ses yeux autant
de devoirs sacrés ; elle obéissait sans résister. Sa simplicité, sa naïveté nous touchè-
rent ; l'honnêteté me prescrivit de l'avertir
du chemin rapide qu'elle venait de parcourir en peu de jours. Sa surprise, son
regret me parurent de très-bon augure ;
si mes conjectures se réalisent, elle peut,
avec la plupart des femmes fières de leur
vertu, dire, du fond du coeur, *heureusement* !

L'espèce d'épidémie qui fait abandonner
le lieu de sa naissance, diminuera beaucoup
d'après notre régénération ; l'on cherchera
la considération en servant ses concitoyens.
Un vif désir d'acquérir l'estime publique,

désormais le premier des biens, chassera cette oisiveté dont le poids insoutenable semblait accabler nos petites villes. L'inaction, presque générale, engourdissait surtout la noblesse hors du service ; en vain eût-elle cherché les moyens d'être utile. Cependant, quelques puissans motifs d'intérêt que les gouvernemens parviennent à attacher aux campagnes, les capitales conserveront infiniment d'attraits pour les hommes opulens. L'on pourra toujours dire de la nôtre :

„ Paris est pour un riche un pays de Cocagne. „
(*BOILEAU.*)

Ses ressources sont inappréciables ; les arts, soit d'agrément, soit d'utilité, semblent vous prévenir ; de superbes monumens servent à vos plaisrs, souvent à votre instruction ; les productions de toutes les parties de la terre viennent offrir des jouissances assez variées pour satisfaire les goûts les plus délicats comme les plus bizarres ; la liberté permet à chacun de suivre ses penchans, sans craindre ni gêne, ni contrainte. Un hameau, que dis-je, un bois écarté ne présenterait pas autant de facilité à qui souhaite

vivre dans la solitude: pour qui veut au contraire se répandre avec choix, la société réunit une foule d'avantages. La conversation,
si rarement supportable par-tout ailleurs,
y est souvent parfaite; l'abondance, l'intérêt des événemens, la variété des sujets,
la pureté des expressions, l'élégance des
discours, les connaissances sans pédantisme, l'esprit sans prétention, surtout la
facilité (*) précieuse de ne pas toujours
briller, tels sont les traits auxquels se reconnaissent les entretiens des hommes vraiment éclairés: enfin Paris seul porte les
talens au plus haut point de perfection; les
grâces elles-mêmes semblent s'y embellir.
Eussions-nous pu croire que la comtesse de
P.** en reviendrait plus aimable? Hé bien,
mon ami, elle rapportera de nouveaux agrémens puisés parmi de brillantes, de spiri-
tuelles sociétés, dont après peu d'instans
elle a fait l'ornement et les délices.

Vous vous plaisez à m'entendre parler
de cette femme à laquelle j'ai dû de si
beaux jours, écoulés avec rapidité, suivis

(*) Une conversation ne saurait plaire long-temps
s'il n'est pas permis de se reposer par intervalle, et pour
ainsi dire *de rabacher* un peu.

de

de vifs regrets, qu'adoucissent cependant mille doux souvenirs. Tant qu'un souffle de vie m'animera, je me rappellerai avec émotion, que lors de mon bonheur une imagination pleine de feu électrisait la mienne, un esprit éclairé, un goût épuré m'instruisaient, une ame aussi noble que tendre me présentait la vertu sous la plus ravissante forme, un caractère ferme, quoiqu'indulgent, blâmait mes erreurs : chérir, respecter ses devoirs, devenir bon, honnête, sont les seuls titres pour intéresser ce coeur, sanctuaire de toutes les belles qualités. Adieu.

S

LETTRE XXXIV.

D'APRÈS les différens avantages dont je
vous parlais dans ma dernière lettre, vous
concevez facilement, mon ami, que Paris
peut s'appeler une excellente école, dans
laquelle se puisent l'esprit aimable, le
véritable ton de la société, surtout le
bon goût. L'étranger trouve des modèles
sans nombre, parmi lesquels un heureux
choix devient très-important, mais assez
difficile. Pour ne pas se laisser éblouir par
du jargon soutenu de manières lestes et
tranchantes, il faut réfléchir, il faut conserver un calme qui rarement est le partage
des nouveaux débarqués. Je range parmi
les circonstances qui d'abord en imposent
l'opinion généralement répandue, souvent
sentie de bonne foi, que qui n'habite pas
la capitale végète dans une triste médiocrité. Ce principe donne autant de confiance
d'un côté, qu'il cause de gêne de l'autre.
Par fois cependant un engouement subit

porte un provincial aux nues; mais cet engouement, fondé sur des circonstances particulières, ou sur des intrigues secrètes, se peut appeler un éclair de gloire, disparaissant avec rapidité sans laisser aucune trace de son éclat passager. Les hommes l'obtiennent plus facilement que les femmes; celles-ci sont écartées par les dispensatrices de réputation, qui se montrent ennemies acharnées de toute rivale faite pour donner de l'ombrage.

Malgré les plaisanteries, malgré les médisances prodiguées par les dames habituées, les arrivantes qui apportent une jolie figure prennent bientôt le dessus; elles reçoivent des hommages d'autant plus empressés que l'on espère, et souvent à tort, trouver moins d'art, moins d'insensibilité dans un coeur formé loin d'un séjour enchanté et par trop séduisant, que dans des coeurs corrompus de bonne heure par le vice présenté sous des apparences entraînantes, tirant parti des dons de la nature, employant jusqu'aux ressources de l'opulence. Quelque soit la conduite que tienne la beauté, elle exerce dans Paris un empire absolu. Les hommes obéissent à des lois imposées soit par le plaisir, soit par l'espèce de certitude que les plus longues résistances cèdent enfin aux soins donnés avec habileté, et continués avec persévérance. Je ne me rappelle jamais sans une espèce de satisfaction un exemple de la bonne tournure que les femmes font prendre aux affaires.

Quelque temps avant que M. **** fut appelé au ministère, j'allais très-souvent chez lui. Un jour nous vîmes arriver un homme de robe qui, du ton le plus affecté, se plaignit que depuis plus de six mois il sollicitait vainement l'expédition d'une charge due à ses services. ,, J'avais jusqu'à
,, présent reçu des délais affligeans mais
,, supportables, d'après les excuses honnêtes
,, dont ils étaient accompagnés ; mais hier
,, j'ai essuyé des reproches bien durs, bien
,, mortifians : l'on m'a fait sentir que j'étais
,, d'une importunité assommante ; aussi ma
,, patience se trouve-t-elle à bout : je pars
,, et suis venu prendre vos ordres. — Je
,, ne saurais approuver ce parti violent,
,, répartit M. ***; c'est, comme l'on dit,
,, jeter mal à propos le manche après la
,, coignée. Au lieu de renoncer à vos justes

„ prétentions, employez une ressource de
„ l'infaillibilité de laquelle je me rends
„ caution. Madame * * * est très-aimable,
„ très-jolie; le ministre actuel plus que
„ galant... — A qui pensez-vous parler ?
„ connaissez ma femme et moi ; sachez,
„ monsieur, qu'au prix de notre honneur
„ nous n'achèterions pas même la cou-
„ ronne de France. — Mais vous êtes fou ;
„ la vertu de Madame * * * est trop una-
„ nimement reconnue pour que personne
„ au monde ose la soupçonner, encore
„ moins la mettre à l'épreuve. Votre ado-
„ rable et respectable moitié accompagnera
„ ses démarches de grâces auxquelles le
„ ministre ne résistera pas. „

Six semaines étaient à peine écoulées
que je fus accosté au Palais-royal par le
même homme transporté d'aise de son
heureuse destinée. Le conseil, exactement
suivi, avait réussi au-délà de tout espoir :
une superbe place, bien plus considérable
que celle désirée, une pension de douze
mille livres comblaient ses voeux. Mais
comme il n'appartient pas à l'humanité de
connaître le bonheur parfait, mon cher
président se sentait tant soit peu affecté

d'une clause assez contrariante. Le Roi l'employait dans les colonies ; il fallait s'éloigner, se transporter à des milliers de lieues d'une femme, la merveille de son sexe, qui seule était l'auteur de la fortune, qui restait livrée au désespoir, qui chaque jour regrettait sa petite ville, qui pourtant consentait à se fixer dans Paris pour veiller aux intérêts communs. J'embrassai bien cordialement mon nouvel ami; je le félicitai de son bonheur; je l'exhortai à ne pas se livrer à des idées trop funestes; à partir très-certain que les consolations ne seraient point épargnées à l'objet de sa tendresse, qui lui-même était trop intéressé au bien du ménage pour s'abandonner à l'excès de la douleur.

Le hasard me fournit une occasion favorable pour juger que ma prédiction avait quelques fondemens. Peu de jours après le départ du cher homme, je soupai chez le vieux général ***; j'y rencontrai la belle affligée, réellement charmante. Sa figure, sa taille, son maintien, son ton, son regard me parurent enchanteurs ; rien de plus naturel que ses succès : mais ce que dans cette circonstance j'appris de plus intéressant, c'est qu'un mari voulant bien partir pour les Indes, procure à sa femme presque tous les agrémens du veuvage. Ah , si la passion de faire des heureux devient jamais la plus pressante, que de gens courront s'embarquer! Nous ne trouverons jamais assez de place sur les flottes françaises. Adieu, mon ami ; je compte vous embrasser encore quelquefois avant d'être assez parfait pour gagner Pondichéri.

LETTRE XXXV.

Sı Paris offre des ressources sans nombre
aux gens riches, s'il forme une foule d'individus, si les femmes peuvent le regarder
comme leur *paradis* , il sert encore d'asile
à la pauvreté. Celui qui dans sa province
succomberait sous le poids d'une misère
aussi cruelle qu'humiliante, trouve dans
la capitale mille moyens de subsister et
de cacher son fâcheux état, qui dès-lors
se trouve très-adouci. Les chevaliers d'industrie accourent de toutes les parties du
royaume ; ils tendent sans cesse des em-
bûches ; ils trouvent des dupes renaissantes pour ainsi dire à chaque pas. Tel
homme a commencé par être membre de
la bonne compagnie, par exercer une profession honorable, qui termine sa carrière
dans l'opprobre : le dérangement l'a conduit
à sa ruine ; pour la réparer il s'est d'abord
permis des actions peu délicates qui lui ont
beaucoup coûté ; car ,, nul ne fût tout
,, d'un

,, d'un coup très-malhonnête; ,, (*) mais s'endurcissant par degrés, fermant son cœur aux remords, ce même homme qui rougisssait en empruntant une légère somme, favorisera le désordre des moeurs, soutiendra une maison de jeu, en un mot foulera aux pieds tous les principes reçus.

Parmi les êtres réduits à se soutenir par leur industrie, quelques-uns conservent des droits réels à l'intérêt, étant victimes du malheur, et vivant sans blesser la délicatesse. Plusieurs, parasites agréables, doivent d'être recherchés à un excellent estomac et à un esprit aimable. Le riche magnifique compte avec plaisir parmi ses convives un homme

,, Qui fait, en bien mangeant, l'éloge des morceaux. ,,

(BOILEAU.)

et qui de plus possède le talent d'égayer par quelques bons mots placés à propos. Je dinais autrefois régulièrement tous les lundi chez le fermier-général *****, si

(*) *Nemo repentè fuit turpissimus.* (JUVENAL.)

T

renommé pour son honnêteté, pour sa
vertu. Sa table tirait son principal agrément
de la gaité brillante et soutenue d'un personnage que je croyais fort heureux. J'appris au bout de six mois qu'il ne possédait
pas un sou dans le monde. Si son égalité
d'humeur est un effort de politique, combien il mérite de pitié! si au contraire la
jouissance d'un excellent repas efface ses
autres chagrins, l'on doit envier son sort.
Je ne saurais oublier une classe très-sin-
gulière, celle des faiseurs de *châteaux en
Espagne*. Le comte * *, ancien militaire,
distingué par de belles actions, doué par
la nature d'un esprit supérieur, est depuis
plus de vingt ans livré aux rêves de son
imagination, qui n'abandonne une chimère
que pour en embrasser une nouvelle. A
chacun de mes voyages de Paris je le
retrouve dans le mal-aise, mais toujours
prêt à terminer un superbe plan, présenté
avec des couleurs assez séduisantes pour
conserver l'air de vraisemblance. Son enthousiasme non-seulement le rend heureux, mais encore fait le bonheur de ceux
qui l'entourent. Personne ne fut, dit-on,
prophète chez lui; cependant, au moment

même où la famille du comte manque du nécessaire, elle écoute avec transport, elle jouit, elle posséderait la félicité parfaite si l'on pouvait se nourrir de fumée. Un vieux valet, devenu véritable ami, servant sans gages, sans récompense quelconque, reste fidellement attaché, et s'attend à rouler tôt ou tard sur l'or ; le bon homme est très-souvent envoyé chez moi ; il ne manque jamais de m'assurer que les attentions, les marques de protection, les services dans tous les genres me seront prodigués dès que le projet, actuellement sur le tapis, sera terminé. Il échoue comme de raison ; c'est peut-être le dix millième sans que pour cela la confiance soit le moins du monde altérée.

Les hommes en général aiment à être trompés; ils aident qui veut les éblouir. Pour peu qu'un imposteur réunisse quelques talens, la crédulité publique le seconde, et devient garante de ses succès. L'antiquité nous offre des exemples frappans d'absurdes superstitions dans tous les genres, faiblesse renouvelée dans notre siècle de philosophie, où nous venons de voir des têtes assez égarées pour......

T 2

mais silence. En attaquant soit les charla-
tans, soit leurs élèves, de quelque espèce
qu'ils soient, l'on s'attire d'implacables
ennemis sans éclairer personne. Adieu ;
je vous embrasse.

LETTRE XXXVI.

Quel homme supérieur, quel peintre habile tracera avec fidélité, avec vérité la position de bien des grands? L'étonnement, l'embarras, la honte, la rage, le désespoir déchirent leur ame, égarent leur raison; le désir, l'impossibilité de se venger produisent des actions, des discours se contrariant sans cesse, et très-souvent ridicules. Le duc **** annonce une réparation éclatante qui rétablira l'autorité du roi, qui recouvrera la majesté du trône, qui punira d'insolens sujets, qui replacera dans leur éclat les illustres soutiens de la monarchie. . . . . Arrétez, imprudent, craignez d'offenser une nation terrible dans ses vengeances; tremblez qu'elle n'appesantisse son courroux sur vous et sur vos semblables; suivez l'exemple du meilleur des princes; sacrifiez quelques jouissances, quelques avantages, pour obtenir le vrai bonheur, celui de vivre parmi des citoyens

T 3

libres et généreux, qui vous chériront,
qui vous respecteront dès qu'ils vous verront décidés à prendre les sentimens des
premiers frères de l'auguste famille. En
renonçant aux abus j'ose vous prédire que
vous acquerrez des droits cent fois plus
précieux. Peut-on comparer les usurpations
dues à la force, aux présens de l'amitié ?
Le plus puissant despote de l'Asie paraît
bien vil, bien malheureux, près du père
des Français. La crainte, la haine, la
flaterie habitent le sérail ; la liberté, l'amour,
la vérité embéliront le Louvre.

La princesse * * * * vit dans un délire
continuel : sa santé très-altérée par une si
cruelle agitation ne lui laisse que la force
de se répandre en plaisanteries amères,
auxquelles succèdent de tristes gémissemens.
A l'entendre, combien de maux sont prêts
à l'écraser ! „ Que prévoir de l'état affreux
„ des choses ? Nous quitterons sans doute
„ nos foyers, nous pleurerons sur les
„ débris de nos châteaux réduits en cen-
„ dres : nous verrons des misérables sans
„ naissance, sans éducation, marcher nos
„ égaux : nous chercherons quelques res-
„ sources soit dans le commerce, soit dans

„ la vie champêtre. Peut-on penser sans
„ étonnement, sans douleur, que six cents
„ hommes de plume détrônent le Roi,
„ anéantissent la noblesse ? La postérité,
„ n'ajoutant aucune confiance au récit
„ fidelle de nos malheurs, refusera de
„ croire que cinquante procureurs ont entiè-
„ rement bouleversé le plus beau, le plus
„ florissant des royaumes, — oui, madame,
„ le plus florissant pour la classe comblée de
„ faveurs, mais le plus misérable pour les
„ neuf dixièmes de ses habitans. En exha-
„ lant vos plaintes, ne perdez pas de vue
„ que les injures, que les sarcasmes, lancés
„ contre les représentans de la nation sont
„ autant de fautes dont la punition serait
„ inévitable si le mépris n'en faisait pas
„ prompte justice.„

A la plus imposante des assemblées
sont dus la considération de l'Europe, le
respect de tout Français, dernier sentiment dont le monarque a bien voulu lui-
même donner l'exemple. Si quelques bail-
liages ont commis des erreurs dans leurs
choix, le succès général nous dédommage
bien amplement. L'éloquence, le patriotisme, l'amour de la liberté, se sont déployés

pour former une foule de sujets distingués , surpassant nos espérances , méritant
nos éloges. Les murmures fondés sur la
vie privée de plusieurs membres n'ont
aucune valeur. Qu'importent des fautes de
jennesse , des écarts toujours exagérés par
l'envie; ces fautes , ces écarts marchèrent
de tout temps à la suite des grandes passions, sans lesquelles l'homme languit dans
une médiocrité peut-être heureuse pour
lui, mais pour le moins inutile à sa patrie.
L'amour de la gloire , soutenu par de profondes vues politiques , sauvera l'état en
danger , tandis que les particuliers doux ,
honnétes , baisseront la tête sous le sceptre
de fer, gémiront en secret de ses coups
redoublés , vivront estimés , et mourront.
sans avoir produit le moindre bien. Au
moment d'une révolution , le génie , les
lumières rendent de grands services, prennent hautement la supériorité qui leur
appartient , qui pendant le calme leur est
disputée par la médiocrité. Cette dernière
se voit condamnée au silence dès que paraît
quelque danger.

Réservons notre plus haut degré d'admiration, de reconnaissance , pour le caractère,

qualité si supérieure, si rare. Elle seule
réunit les esprits, entraîne les opinions,
subjugue les ames, renverse ou crée les
tyrans. Les connaissances, les richesses de
l'imagination, les talens dépourvus de fermeté ne gouvernent jamais. L'orateur bel
esprit attache des auditeurs, obtient des
suffrages, sans acquérir d'influence dans
les affaires : on flatte sa vanité, on l'emploie,
on le déjoue. Le plus éloquent des mortels
ne put parvenir à gouverner sa patrie ; les
chefs de parti le traitèrent avec quelques
distinctions, comme un instrument utile,
qu'ils brisèrent du moment où leurs vues
furent remplies. Toute supériorité d'esprit
très-marquée inspire de la jalousie, éloigne
de la confiance, exclut de l'autorité. D'ailleurs celui qui possède ce don inestimable
à tant d'égards, obéit trop souvent à un
attrait irrésistible qui l'entraine vers les
plaisirs de l'étude, vers les charmes du
repos, vers les méditations de la philosophie, diverses jouissances faites pour dé-
tourner du chemin des honneurs, dont le
véritable ambitieux ne s'écarte pas une
seule minute ; dans lequel il fait de grands
progrès, quoiqu'avec des moyens médiocres.

Les ennemis de notre régénération s'y sont opposés par de nombreux efforts, heureusement repoussés. A la résistance ouverte ont succédé des manoeuvres sourdes bien plus criminelles, bien plus dangereuses. La liberté s'est changée en anarchie, en licence, d'après les menées d'insidieux émissaires employés à flatter les passions de la populace, afin de la porter aux derniers excès. Une classe condamnée par sa pauvreté à vivre dans l'ignorance, se laisse séduire, se porte à des actes de barbarie qui bientôt excitent d'amers repentirs. Quelques misérables endurcis dans le crime rejoignent les gens soudoyés, satisfont leurs cruels penchans, attirent l'indignation sur un peuple demandant de briser ses fers, d'obtenir une existence supportable. Que les citoyens honnêtes secondent les efforts des législateurs, qu'ils exécutent avec courage, avec ardeur, les réglemens faits pour prévenir quiconque, semant le désordre dans la société, travaille à sa ruine.

La trop grande inégalité est un fléau terrible, dont nous avons éprouvé les funestes effets, de la destruction duquel il faut s'occuper, afin de n'en laisser que la

moindre trace possible : mais craignons
d'écouter trop de ressentiment; songeons
qu'un état aussi vaste exige des distinctions, des prérogatives. L'égalité absolue
se range parmi les chimères qu'enfante
une tête exaltée, souvent par vanité, par
intérêt, rarement par désir de l'ordre.

Que ceux à qui, soit des services réels,
soit d'heureuses circonstances, accordent
de la supériorité sur leurs semblables,
jouissent d'égards, d'avantages, même d'a-
grément, tant qu'ils mériteront l'estime
publique, tant qu'ils se rendront vraiment
utiles. Il suffit d'élever une barrière insurmontable, s'opposant aux actes de pouvoir
absolu, aux insultes. Un citoyen peut en
respecter un autre, mais ne jamais craindre
que la loi : s'il en est autrement, le despotisme triomphe.

Que la noblesse subsiste, long-temps elle
versa son sang pour le soutien de l'état;
mais qu'elle abjure une hauteur déplacée,
qu'elle cesse d'aspirer seule aux grâces, aux
honneurs.,, L'illusion de la plupart des no-
,, bles *dit un grand moraliste*, (*)est de croire
,, que leur noblesse est en eux un caractère
,, naturel.,, Qu'ils s'éclairent sur ce point

(*) M. NICOLE.

important; dès-lors leur sagesse, leur modération seront certaines, dès-lors ils ne rece-
vront que des marques de considération et
d'attachement. Que le clergé obtienne de
l'aisance, même du respect, il devient
souvent la seule consolation de l'indigence
et du malheur; mais que son luxe indécent
soit modéré, que ses vices ne contribuent
plus à la corruption générale, qu'il essuie
les larmes des misérables, au lieu de les
exciter par des procédés durs. Enfin que
l'orgueil, que la fierté, que l'insensibilité,
que l'esprit de tyrannie, ne paraissent plus
autant de défauts reprochés aux ministres
d'une religion fondée sur l'humanité, sur
la douceur, sur la charité.

Que le peuple conserve la liberté, qui,
également éloignée de l'esclavage et de la
licence, se trouve dans l'entière obéissance
aux décrets du corps législatif, décrets
dont le monarque devient le dépositaire,
l'exécuteur. Offenser le Roi, c'est violer les
droits les plus respectables; c'est com-
mettre un crime que nous devons chercher
à punir, puisqu'il n'existe aucun particulier sur qui ne rejaillisse une partie de la
gloire ou des revers du chef de l'association.

Malheureusement des partis se forment. Des personnalités, des vues d'intérêt, étouffent la sagesse. Aristocrate, démocrate, mots de ralliement qu'on parvient difficilement à ne pas adapter. Combien d'obstacles rencontre l'homme qui prétend suivre une route éloignée de tout excès, qui chérit également la liberté, son pays et son roi, qui sait en admirant, en louant l'étonnante révolution, reconnaître que plusieurs fautes ont été commises!

Le clergé a montré de l'adresse, de la prudence, mais n'a pu réparer les maux, suites inévitables de longues années de désordre. Nos prélats avaient eux-mêmes creusé le précipice dans lequel vient de s'abîmer leur gigantesque grandeur.

La noblesse, divisée entr'elle, n'a point acquis la force, la considération qu'aurait obtenue l'unanimité de principes. Ses membres sont entrés dans des discussions épineuses avec des adversaires auxquels de grandes études donnaient beaucoup d'avantages. La lutte trop inégale ne pouvait durer long-temps. Les nobles n'avaient peut être que deux routes à suivre : ou se conduire en citoyen, ou se rappeler le temps de nos

preux. Le premier plan adopté, on eût
vu, dès l'ouverture de l'assemblée, se
confondre les trois ordres, comme le sont
les membres d'une famille très-unie ; le
second plan ne devenait praticable qu'autant qu'eussent régné dans toute leur force
ces anciens préjugés, que secondaient de
brillantes qualités. Le chevalier pénétré de
la justice, de la sainteté de ses priviléges,
aurait versé jusqu'à la dernière goutte de
son sang avant de consentir au moindre
sacrifice.

Le tiers état a renversé le despotisme,
a recouvré le premier des biens, a rétabli
les droits de l'homme, droits sacrés, impu-
nément violés depuis des siècles ; mais
emporté par ses succès, souvent la ruine
entière s'est consommée, où la simple cor-
rection paraissait nécessaire. Si la cour,
si le haut clergé méritaient de fortes leçons,
fallait-il que leurs châtimens s'étendissent
sur les innocens ? fallait-il écraser les gen-
tilhommes ? Presque tous, consacrés à l'honorable profession des armes, s'exposaient
dans les combats, ou se soumettaient à la
triste sujétion des garnisons, sans espoir
ni d'avancement ni de fortune ; contens de

l'estime publique ils servaient d'échelons aux hommes puissans qui, prenant pour eux seuls les honneurs, versaient sans ménagement des injustices, des humiliations, sur les vrais instrumens d'une gloire si souvent usurpée. Fallait-il dépouiller tant d'éclésiastiques dont le revenu se consumait en bienfaits ?·

Loin d'attribuer aux représentans de la nation ces affreux désordres dont la France gémira long-temps, reconnaissons-y les trames odieuses d'hommes pervers, également ennemis de tous les ordres, cherchant à satisfaire de criminels penchans, soit par la ruine, soit par la mort de leurs concitoyens. Des monstres, souvent achetés au poids de l'or, ont pendant un instant rendu féroce ce peuple si renommé pour son humanité. Le modèle des rois a vu sa générosité, sa bonté, mises à de fortes épreuves ; rejetant de perfides conseils, il s'est conduit avec la confiance, attribut des grandes ames, qui nécessairement inspire le respect et l'amour.

Par quel inconcevable délire plusieurs Français se sont ils permis d'insultans discours sur une princesse dont les grâces, dont l'affabilité doivent lui attirer les hommages universels? Comment dans la fleur de l'âge peut-on toujours éviter des piéges sans nombre? comment résister à la foule de courtisans, qui flattent même les défauts? comment au milieu des enchantemens conserver un a-plomb que très-certainement perdrait le plus grave philosophe? Que de droits vient d'acquérir sur nos coeurs celle qui dans des positions très-critiques a déployé autant de courage que de sensibilité, qui s'est présentée aux Parisiens, pressant contre son sein cet illustre enfant, dépôt bien cher, bien précieux, doux espoir de la France, précurseur de la liberté, aurore de nos beaux jours dont il prolongera le cours, instruit de bonne heure du prix de la vertu.

Conservant la neutralité, désirant le bien, écoutant les conseils de la modération, mille désagrémens sont devenus mon partage. Les hommes veulent qu'on embrasse leurs passions. Je mécontente donc tous ceux que j'approche. Les aristocrates rejettent de leur sein qui les sert aussi mal; les démocrates se plaignent d'une prévention marquée. Quelques puissent être les
suites

suites de ma profession de foi, je déclare hautement n'embrasser aucun des deux partis, espérer les plus heureux effets de la révolution, faire des voeux pour que plusieurs coups portés avec trop d'ardeur soient radoucis, demander que de sages réflexions, éclairées par l'expérience, réparent des erreurs assez fortes pour nuire à la plus grande opération qui ait jamais été exécutée par des hommes. Adieu.

V.

LETTRE XXXVII.

L'ÉPOQUE de mon départ approche sans me causer d'inquiétude. Je ne pense pas, mon bon ami, justifier la remarque d'un philosophe anglais, „ Que personne au „ monde ne s'éloigna jamais de Paris sans „ éprouver un mouvement de tristesse. „ L'amitié m'attend ; une seule de ses faveurs est bien préférable aux prestiges parmi lesquels je viens de vivre. Adieu, belles manières ; adieu, jargon éblouissant ; adieu, prétendu ton sublime ; surtout adieu, insupportable suffisance des grands seigneurs : si quelquefois encore vous vous retracez à ma mémoire, vous amuserez dans mes récits des oisifs vous connaissant assez peu pour vous beaucoup estimer. Par malheur peu de mes compatriotes trouveront des charmes à de telles futilités. Je ne dois pas prétendre par mes beaux airs éblouir des hommes qui joignent en général à beaucoup d'esprit un jugement sain, un coup-

d'oeil perçant, une critique pleine de finesse.
Oui, mon ami, Uzès ville peu distinguée
par ses monumens, par sa population, réunit des talens distingués, des connaissances
dans tous les genres. Que l'étranger ayant
besoin d'en imposer cherche un autre
théâtre; sur celui-là il serait bientôt découvert et apprécié à sa juste valeur.

C'est à mériter le suffrage de concitoyens
aussi distingués que désormais vont tendre
mes efforts. Trompeuses illusions, fureur
des plaisirs, désir d'avancement, soif des
richesses, insatiable vanité, vous ne rem-
plissez jamais notre ame que de vide, au
moment où l'on jouit: que de regrets marchent à votre suite! Vertu célébrée par
tant de bouches profanes, chérie seulement
par qui te sert, désirée par qui ose espérer
t'atteindre un jour, toi seule rends l'homme
heureux. Tu prescris des devoirs; mais
serais-tu assez barbare pour t'éloigner du
mortel ayant négligé d'encenser tes autels
sans cesser de te respecter?

Inutilement aurions-nous dompté les
plus impétueuses passions, trouverions-
nous des charmes dans les belles actions;
notre félicité ne peut devenir complète

V 2

qu'autant que l'envie reste entièrement étouffée. „ Celui-là ne sera jamais heureux „ que tourmente la vue d'un plus fortu- „ né.(*) Joignons à cette importante maxime le conseil d'un sage, premier instituteur des meilleurs écrivains de nos jours, tombé dans l'oubli, parce que ne voulant qu'instruire il a trop négligé de sacrifier aux grâces. „ Pour vivre heureux il faut espé- „ rer peu et ne désespérer de rien. „ (**)

Les ridicules vont s'évanouir ; la raison imposera des lois ; une seule erreur conservera ses droits. Il faut céder au goût dominant qui semble subjuguer les Français. La rage du bel esprit renverse toutes nos têtes. Les jeunes gens doués de quelque facilité se montrent pédans. De superficielles connaissances égarent un cerveau de vingt ans ; il se remplit d'admiration, d'estime pour lui-même. Dix années d'études assidues parviennent à calmer l'effervescence, à convaincre que le savant, à mesure qu'il acquiert des connaissances, se

(*) *Nunquam erit felix quem torquebit felicior.*
(SENEQUE.)
(**) LA MOTTE LE VAYER.

pénètre davantage de son ignorance. Les femmes discutent, dissertent, négligent l'art de plaire pour celui d'instruire, et rarement obtiennent des succès bien marqués. Les enfans prononcent avec emphase de grands mots très-déplacés, puisque véritables perroquets ils n'en pénètrent jamais le sens. Depuis le ministre d'état jusqu'au magister de village, chacun prétend enrichir le public du fruit de ses veilles. Ce ridicule complet produit des milliers d'ouvrages dont plusieurs insipides rebutent les bons esprits, émeuvent la bile des sévères critiques. Connaissant l'abus, en gémissant l'on cède chaque jour au plus irrésistible des penchans. Croyez-moi, l'infortuné qu'un torrent précipité du haut des monts entraîne dans ses flots écumans, surmonterait plus facilement les élémens déchaînés, que l'auteur tourmenté du besoin d'écrire ne garderait le silence.

Loin de dissimuler mes faiblesses, j'aime à les déposer dans votre sein; je me plais à vous découvrir jusqu'aux moindres replis de mon cœur: je me reprocherais si quelques défauts, si quelques bonnes qualités vous échappaient. L'amitié ne souffre point de mystère : ce lien si doux, auquel sont dus nos beaux jours, bannit jusqu'à l'ombre de la réserve. Dans des épanchemens ravissans ce n'est point son secret que l'on confie ; c'est une partie de soi-même que l'on instruit des intérêts communs. Deux vrais amis sont-ils animés de vues différentes ? forment-ils des désirs opposés ? ne tendent-ils pas au même but, le bonheur mutuel ? Il faut donc vous avouer que parmi les leçons que je m'adresse journellement, celles pour renoncer à la carrière de littérateur restent sans fruit. Tant que les presses voudront bien gémir en faveur de mes faibles essais, de nouvelles tentatives se succéderont sans relâche.. Le zèle, l'étude, les conseils, les satires me feront peut-être un jour obtenir des succès.

Le plan qui vous plaît, qu'approuve un homme supérieur, va devenir l'objet d'un travail assidu. La seule vue des matériaux préparés remplit souvent mon ame d'effroi N'importe, l'entreprise s'achevera. Frémissez de votre partage ; car dussiez-vous bâiller dès la première page, il ne vous sera pas permis d'en sauter une seule ligne. Que cette menace n'altère pas vos sentimens ; conservez-les-moi en songeant qu'un méchant auteur peut fort bien être un excellent ami. Je suis tout à vous.

A. H. DAMPMARTIN.

N O T E S.

(a) Un philosophe dont le nom m'est inconnu, mais pour lequel je suis pénétré d'estime, de respect, semble avoir prévu tous les événemens actuels. Ses principes de la philosophie naturelle réunissent à de grandes vues sur la nature, sur l'origine des êtres, sur l'étendue des connaissances humaines, d'importantes leçons de morale, de politique. L'on y admire le portrait suivant, trop supérieurement exécuté pour qu'aucun lecteur ose me reprocher de le lui présenter. Puisse l'auteur agréer avec quelque intérêt mon faible tribut d'admiration!

———

Qui ne gagne pas des batailles? Spartacus, simple gladiateur, fit trembler un instant Rome, possédant les Lucullus et les Pompée : au lieu qu'un prince qui, ayant hérité d'une puissance despotique, assemblerait ses concitoyens et leur dirait :

„ O

„ Ô vous! mes chers concitoyens, j'ai
„ fait votre bonheur, depuis que les rênes
„ du gouvernement sont entre mes mains;
„ mais cela ne suffit pas à l'étendue de
„ l'amour que j'ai pour vous, je veux
„ l'assurer pour toujours, autant qu'il est
„ possible à la prudence humaine. Votre
„ félicité ne dépendra plus de mes caprices
„ ou de ceux de mes successeurs. J'aime
„ la justice sans doute: je vous porte dans
„ mon coeur; mais je suis homme, par
„ conséquent capable d'être entraîné par
„ une passion, de me laisser prévenir, et
„ peut-être de faire le mal. Créons donc
„ une assemblée nationale, à laquelle je
„ serai obligé de rendre compte de ma
„ régie, qui veillera à ma conduite, et qui
„ aura le pouvoir de me faire rentrer dans
„ mon devoir, si jamais j'oubliais ce que
„ je vous dois. Ce sont vos droits dont
„ vous avez été dépouillés, et dans les-
„ quels je vais vous faire rentrer aujour-

X

„ d'huí. „ Si jamais un tel homme pouvait exister, il mériterait des autels, s'il était permis d'en élever à un être quelconque; il en aurait au moins dans le coeur de toutes les ames honnêtes. Quel est le prince qui en voudra mériter à ce prix ? — LOUIS XVI.

(b) La passion d'écrire me subjugue trop pour prétendre la surmonter. J'ai d'abord combattu, maintenant j'obéis sans regret, venant d'éprouver que, par caractère plus que par sagesse, ce qui pour tant d'auteurs devient une source de chagrins ne m'affecte nullement. Je pensais que les critiques désespéraient; je tremblais de celles annoncées de toutes parts, quand un ami, nullement flatteur, peut-être même assez malin, remit entre mes mains l'Année-littéraire, (N.° 26.) Je lus, je dévorai le plus foudroyant arrêt. Quelle heureuse surprise ! aucun chagrin ne se fit sentir; nul mouvement d'humeur contre le juge impartial quoique sévère : ses reproches prirent la forme de conseils utiles.

D'où peut partir cet éclair de raison ? prendrait-il son origine dans une impossibilité bien reconnue de suivre exclusivement les travaux littéraires ? Dès-lors peu de réflexions suffisent ; elles démontrent qu'atteindre la médiocrité est le dernier degré d'ambition. Le même sentiment qui sert d'égide contre les disgrâces donne plus de charmes aux succès. D'après cette heureuse organisation , les seuls avantages subsistent.

De toutes les émotions dont le souvenir m'est le plus cher , et dont je cherche sans cesse à nourrir ma mémoire , peu furent aussi douces que celle éprouvée dans l'instant où l'amité m'offrit ses pensées sur la Rivalité de Carthage et de Rome. Madame la comtesse de P *** montre dans son ingénieux extrait une touchante bonté ; peu satisfaite d'adoucir les défauts, d'effacer

les faiblesses, elle recherche jusqu'aux
moindres étincelles de talent.

Si quelqu'un pense que la seule vanité
rend public ce trop flatteur éloge, il sera
dans l'erreur. Je lui pardonne surtout si
ses sens, glacés par le froid des ans, ne
connaissent plus l'enthousiasme, véritable
source et première récompense de nos
travaux. J'en appelle aux lecteurs sensibles, eux seuls concevront que le plaisir,
que la reconnaissance dictent ma conduite.
Quelques lignes tracées par une main
habile suffisent pour réfuter tout reproche.

,, On est bien récompensé d'avoir écrit,
,, monsieur, quand on a le bonheur d'avoir
,, une amie aussi aimable, aussi éclairée,
,, aussi instruite que madame la comtesse
,, de P * * *. J'ai trouvé le compte qu'elle
,, vous rend de votre ouvrage, charmant.
,, J'ai eu l'honneur de vous dire que je
,, pensais à-peu-près comme elle, et je

„ me félicite , monsieur , de m'être ren-
„ contré avec son jugement. „ PALISSOT.

*Résumé de la lecture faite avec attention
et intérêt de l'Histoire de la Rivalité de
Carthage et de Rome.*

En commençant cet ouvrage , j'avais
l'intention de faire des notes sur chacun
des faits qui m'auraient le plus frappé ;
la manière dont ils sont liés, et le style
attachant que l'on rencontre toujours, ne
m'ont pas permis de rien extraire. Il eut
fallu copier le livre ; je me borne donc à
dire simplement à l'auteur que j'estime ,
et qui mérite des suffrages plus éclairés
que les miens, (ce qu'il ne manquera pas
d'obtenir sans peine) que qui n'est pas
touché et charmé de son ouvrage, n'est pas
digne de le lire : il respire la morale la
plus pure, les réflexions sont parfaites, et
on leur passe un peu de longueur en faveur de leur justesse admirable; sans cesse

X 3

l'on reconnaît les sentimens les plus intimes
de l'auteur; sa sensibilité personnelle perce
à travers ses écrits : l'on croit l'entendre
parler, et c'est en faire le plus bel éloge.

Tout en admirant la diction et le charme
répandu dans le premier volume, je trouve
cependant que l'auteur s'écarte du sujet
qu'il annonce vouloir traiter uniquement;
j'eusse à sa place détaché davantage les
guerres puniques de tout le reste de l'histoire romaine dont il fait un abrégé, quoiqu'il annonce, par le titre de son livre,
ne vouloir parler que de la rivalité de deux
républiques fameuses ; mais c'est le cas de
lui dire, attrapez-nous toujours de même.
Puisqu'il a le talent de rendre en deux
volumes ce qu'un auteur que tout le monde
connaît a si prodigieusement prolongé sans
rendre les faits plus intéressans, je dirai
donc avec vérité que j'ai été parfaitement
contente de tout ce qui est traité dans cet
ouvrage, et je pardonne que l'on ne me

parle de Carthage qu'un peu trop tard.
Le morceau qui m'a le plus intéressée,et qui
m'a extrêmement émue , est celui de l'éducation , dans lequel l'auteur a fait hommage
à sa respectable mère des élans de son
coeur. L'éloge de César m'a paru très-bien
travaillé ; il est noble , il est simple , en
un mot digne du grand-homme dont l.
peint les traits.

Toutes les fois que l'auteur se laisse aller
à la sensibilité , il est aussi éloquent qu'intéressant ; c'est qu'en ce moment il ne dit
rien qu'il ne sente vivement : moyen infaillible , le seul sans doute de remplir l'ame
du lecteur d'attachantes émotions. Une
foule de traits saillans m'ont échappé ;
mais en général ce que j'ai remarqué doit
honorer l'auteur , tant pour la pureté des
expressions que pour le travail et les recherches immenses qu'a dû lui coûter une
entreprise qui le distinguera parmi nos gens
de lettres. Il termine son volume par une

X 4

note que je critique, parce qu'elle est une répétition de ce qu'il avait dit dans le courant de son livre ; et quoique l'on assure que les bonnes choses souffrent d'être répétées, c'est un défaut dans cette circonstance. Il me permettra donc de lui appliquer cette pensée qui n'est pas neuve : qu'il y a des taches même au soleil. C'est ainsi que je m'arrêterai sur ce qui regarde le premier volume ; je vais entreprendre la lecture du second, et ne doute pas du plaisir qu'il me procurera.

C'est avec un intérêt bien soutenu que je continue à orner mon esprit par la seconde partie de l'ouvrage de M. de Dampmartin. Jusque là il n'avait point encore parlé de l'histoire, il n'avait que réfléchi sur les moeurs des Romains, maintenant il met en action des hommes grands dans toutes leurs démarches ; il fait aimer les héros dont il parle. Je ne saurais être plus satisfaite du second volume ; il me donne une idée très-juste des généraux carthaginois et romains. L'on voit que l'auteur n'est point partial, qu'il dit la vérité, et raconte simplement chaque fait sans faire pencher la balance pour celui qu'il admire le plus. Je devine facilement qu'Annibal est un homme pour lequel sa vénération est sans bornes ; hé bien, malgré cette forte préférence, il ne se laisse point emporter à un enthousiasme outré, défaut qui rend souvent les auteurs très-désagréables. Tous les récits des guerres sont si bien dits, avec tant de netteté, qu'aucun ne m'a paru trop long : chaque campagne d'Annibal offre une fécondité d'imagination ; car pour rendre la même chose aimable pendant tout un volume, et surtout à une femme, il a fallu le talent de l'auteur. Je n'admire pas moins l'adresse qu'il a mise à louer sans fadeur et sans affectation plusieurs de nos illustres Français : l'amour de l'antiquité ne l'absorbe pas de manière

à lui faire oublier qu'il est d'une nation
qui compte presque autant de héros que
de généraux commandant les armées; tous
se font admirer par la passion de la gloire,
l'amour de leur roi, et le désir de servir
leur patrie; mais tous ne possèdent pas les
talens distingués qui ont immortalisé les
Turenne, les Villars, les Saxe.

J'aurais voulu que l'auteur ne terminât
pas aussi promptement son ouvrage,
j'aurais désiré qu'il amenât un peu plus
près la décadence de l'Empire Romain :
puisqu'il avait commencé par sa fondation,
c'eût été soutenir le même esprit. Ainsi
donc tout le reproche qu'on lui fait consiste à n'avoir pas prolongé le plaisir de
ses lecteurs, et à leur avoir laissé quelque
chose de plus à souhaiter. Peu d'auteurs
se mettent dans le cas de recevoir une
pareille réprimande. Je regrette de ne pas
avoir plus d'éloquence pour mieux peindre
l'intérêt et le charme que j'ai trouvés dans

cet excellent ouvrage. Si la vérité simple
et sans art peut suppléer aux grâces de la
diction, je pénétrerai M. Dampmartin des
mêmes sentimens qu'il m'a fait éprouver.

Je ne m'aviserai pas de donner mon avis
sur la traduction de la mort de Caton, qui
est à la suite de la Rivalité de Carthage
et de Rome, n'ayant aucune connaissance
dans ce genre; mais je dirai seulement en
avoir entendu faire l'éloge à des gens qui
passaient pour être des juges compétens.

LA COMTESSE DE P****.

Le sentiment qui prévient en faveur des
productions d'un ami est trop noble pour
que ses erreurs ne soient pas facilement
pardonnées. On trouvera le jugement de
madame la comtesse de P**** beaucoup
trop avantageux; mais on ne le rejettera
point avec mépris parmi ces vils hommages
dictés par la flatterie ou par l'intérét. Pour
bien prononcer sur un livre, il faut à mon

avis, après avoir écouté la voix de l'amitié, après s'être tant soit peu livré au petit plaisir que produit la critique, lire de suite avec le moins de distraction possible et sans nulle prévention. Parvenu pendant quelque temps à oublier que j'étais auteur de l'Histoire de la Rivalité de Carthage et de Rome, je l'ai pour ainsi dire étudiée, et voici très-franchement ce que j'en pense.

L'auteur cherche par son épigraphe à prévenir la sévérité du public. Quelque bien choisi que puisse paraître le vers :

„ Je ne suis qu'un soldat, et je n'ai que du zèle, „

nous n'admettrons jamais qu'un mot heureux serve d'excuse pour mettre au jour de faibles essais. Aussi cet acte de modestie nous plaît, mais n'influe nullement sur l'opinion que l'on doit prendre de l'ouvrage.

Le début est clair, attachant. Dans le moment où tous les bons citoyens travaillent à faire fleurir la liberté, l'histoire des anciens républicains a droit d'intéresser. Après un tableau assez rapide des temps fabuleux, nous arrivons à Carthage. Tout ce qui regarde cette république paraît traité avec beaucoup trop de briéveté. Nous possédons à la vérité peu de matériaux sur une si intéressante partie de l'histoire; mais il était possible de tirer meilleur parti de ces faibles richesses.

L'auteur semble avoir conservé toutes ses forces pour parler de Rome, dont il se montre admirateur zélé. Ici la richesse de son sujet l'a pour ainsi dire entraîné; nous lui reprochons trop d'abondance. Ayant choisi l'époque de la lutte mémorable des deux rivales, fallait-il embrasser tout ce qui a rapport à la République romaine? fallait-il, remontant au consulat de Brutus, descendre jusqu'à la bataille d'Actium? Si cette erreur vient du désir de donner un abrégé utile et agréable, il eût

fallu prendre un autre titre. En annon‹
çant ce premier volume comme *un discours
sur le gouvernement*, *les moeurs*, *la religion
de Rome*, l'on effaçait en partie son principal défaut, celui de la déclamation. Dès-
lors se trouvait prévenu le reproche fait
sous la forme la plus honnête, par un
homme bien justement célèbre, (*) qui dit:
„ L'éloquence de l'Histoire de la Rivalité
„ de Carthage et de Rome est plus oratoire
„ qu'historique. „

Le style a souvent de la sensibilité, de
la chaleur, quelquefois de la noblesse, de
l'élévation; mais ces qualités sont affaiblies
par des longueurs, par quelques construc-
tions vicieuses, par plusieurs passages
obscurs, par le manque de flexibilité.

Quoique le plan soit assez bien tracé, ce
mérite est peut-être échappé à beaucoup de
lecteurs, parce que les parties n'en sont point

(*) M. DE LA HARPE.

aussi parfaitement liées qu'elles pourraient l'être.

La plus saine morale brille par-tout ; de sages réflexions font d'autant plus de plaisir que les mœurs anciennes amènent d'excellentes et nombreuses allusions à celles de nos jours. Nous avons rencontré des leçons très-importantes.

Le morceau sur l'éducation émeut, nous le trouvons respirant un sentiment touchant.

Les lettres, les beaux arts sont traités d'une manière ingénieuse ; ce morceau présente quelques idées neuves, agréablement exprimées.

L'érudition de l'auteur nous a parue vaste, surtout en songeant à la carrière qu'il suit. Mais soit paresse, soit faute d'étude, il n'a pas assez détaillé ses citations. Il ne suffisait pas d'indiquer les autorités, il fallait encore indiquer les pages pour épargner des recherches à ceux qui pourraient avoir le désir de vérifier les faits avancés.

Nous ne sommes pas contens des notes. L'auteur devait sentir qu'il n'appartient qu'au talent supérieur de louer les deux grands-hommes dont la France connaît mieux que jamais le mérite presque divin, puisque leurs écrits peuvent être regardés comme le premier fondement de notre liberté.

En retranchant du second volume quelques tirades peut-être déplacées, l'on aurait raison de le mettre au rang des très-bons ouvrages. La variété, la clarté, la simplicité, l'exactitude, s'y rencontrent. Ce n'est que très-tard, et même d'après le suffrage réuni d'amis éclairés, que l'auteur a reconnu la supériorité de ce second volume. Le premier lui faisait infiniment plus de plaisir, méritait à ses yeux la préférence, sans doute parce que sa composition avait demandé plus de temps, plus d'application.

La lettre à madame * * *, élégamment écrite,

écrite, présente assez d'heureux aperçus, tant sur notre théâtre que sur différens usages de la société.

La traduction de la Mort de Caton peut mériter des éloges par la manière dont est rendu l'esprit du poëte anglais; mais une tragédie en prose présente le plus froid des tableaux. Tout au plus quelques lecteurs, possédant les deux langues, rendront justice à la difficulté vaincue.

Le travail de M. D...., vu dans son ensemble, mérite d'obtenir du succès, et peut devenir utile aux lecteurs qui n'ont ni le temps ni le désir d'approfondir l'histoire romaine. Nous pensons reconnaître des dispositions qui promettent que l'auteur s'élévera plus haut par de longues méditations, surtout par l'étude des bons modèles. „ Le style de cet écrivain n'est „ pas encore ce qu'il deviendra. „

J'entends des lecteurs s'écrier : Puisque

Y

vous voyez tant d'imperfections dans votre livre, pourquoi ne pas les effacer avant de le rendre public ? — Je blâme plusieurs de mes défauts sans savoir les éviter. Ce sont pour ainsi dire de mauvaises herbes qui croissent malgré les soins soutenus du vigilant cultivateur : d'autres n'ont été reconnus que long-temps après la publication. Il existe certain nuage d'amour-propre toujours épais dans le cabinet, même vis-à-vis des amis, que l'oeil sévère du public parvient seul à dissiper. Dans six mois j'apprécirai mes Lettres sur Paris, dont à présent je suis aussi satisfait que je me rappelle l'avoir été de l'Histoire de la Rivalité. Du reste, j'éprouve sur mes propres ouvrages la vérité de ce vers :

„ La critique est aisée, et l'art est difficile. „

(*DESTOUCHE.*)

ERRATA.

Page 10, ligne 7, ajoutez le mot *des* après admirer.

Page 39, ligne 15, lisez *et* au lieu de *en*.

Page 85, ligne 23, lisez *un* avant le mot semblable.

idem, ligne 25, lisez *de* avant le mot marcher.

Page 93, ligne première, mettez *je* après le mot mais.

www.ingramcontent.com/pod-product-compliance
Lightning Source LLC
Chambersburg PA
CBHW070449030726
47503CB00004B/968